Luise Reddemann / Sylvia Wetzel

Der Weg entsteht unter deinen Füßen

Das Buch

Achtsamkeit mit sich selbst und in Hinblick auf die Welt um einen herum: Diese Haltung hilft, den eigenen Weg zu finden und gerade auch in Krisen und Übergängen Selbstvertrauen zu entwickeln, Vertrauen zu anderen zu gewinnen, Grenzen nicht zu überschreiten und selbst Grenzen zu setzen. Hier zeigen die Autorinnen aus psychologischer und buddhistisch-spiritueller Sicht, wie jeder eigene Kraftquellen entdecken kann und der eigene Weg gangbar wird.

Die Autorinnen

Luise Reddemann ist Fachärztin für Psychotherapeutische Medizin und langjährige Leiterin der Klinik für psychotherapeutische und psychosomatische Medizin des Ev. Johannes-Krankenhauses in Bielefeld. Seit 2007 ist sie Honorarprofessorin für Psychotraumatologie an der Universität Klagenfurt.

Sylvia Wetzel ist Publizistin und eine der bekanntesten buddhistischen Lehrerinnen im deutschsprachigen Raum. Mit ihren kulturkritischen und feministischen Ansätzen ist sie eine Pionierin im Bereich des westlichen Buddhismus. Sie ist Mitbegründerin der Buddhistischen Akademie Berlin-Brandenburg und integriert in ihren zahlreichen Büchern, Vorträgen und Kursen die Erkenntnisse der westlichen Psychologie und Philosophie mit den Einsichten der buddhistischen Weisheit.

Luise Reddemann / Sylvia Wetzel

Der Weg entsteht unter deinen Füßen

Achtsamkeit und Mitgefühl
in Übergängen und Lebenskrisen

HERDER

FREIBURG · BASEL · WIEN

MIX
Papier aus verantwortungsvollen Quellen
FSC® C014496
FSC www.fsc.org

2. Auflage 2020

www.herder.de

Umschlaggestaltung: Judith Queins
Umschlagmotiv: © Getty Images

Satz: de·te·pe, Aalen
Herstellung: GGP Media GmbH, Pößneck

Printed in Germany

ISBN 978-3-451-03158-8

Inhalt

Vorwort

Zum Abenteuer des Menschwerdens braucht es Mut. Unsere Gedanken mögen Sie ermutigen, denn bei den Themen, mit denen wir uns im Folgenden beschäftigen, geht es darum, ein ganzer Mensch werden zu wollen.

Die Fragen, denen wir uns gemeinsam stellen, führen oft zu recht unterschiedlichen Antworten. Es dürfte unverkennbar sein, dass die eine von uns als Ärztin und Psychotherapeutin schreibt und die andere als buddhistische Meditationslehrerin.

Der Aufbau des Buches spiegelt unsere Art der Zusammenarbeit wider. Wir haben von 2000 bis 2010 zehn gemeinsame Seminare durchgeführt und dabei unsere unterschiedlichen Ansätze als gute und oft auch für uns überraschende Ergänzung erlebt. Und genau das wollen wir mit diesem Buch vermitteln.

Sie können das Buch auf unterschiedliche Weise lesen. Entweder lesen Sie zuerst die Kapitel, die Sie am meisten interessieren und lassen sich dabei von unseren sehr unterschiedlichen Perspektiven auf das Thema inspirieren. Oder Sie lesen zuerst die Texte der einen und dann die der anderen. Überschneidungen und Wiederholungen halten wir für sinnvoll und wichtig. Wenn Sie also bei der einen etwas lesen, was die andere ähnlich gesagt hat, so betrachten Sie dies bitte als Hinweis, dass uns beiden diese Gesichtspunkte wichtig sind. Ob Sie das dann auch so sehen wollen, entscheiden natürlich nur Sie selbst.

Dieses Buch soll Sie auch anregen, dass Sie bemerken, dass Sie Ihren Weg unter Ihren Füßen entstehen lassen, ob Sie das bewusst tun oder nicht. Deshalb schlagen wir Ihnen immer wieder Übungen zum Innehalten vor. Betrachten

Sie diese bitte als Anregungen. Wenn Sie etwas finden, das Ihnen hilfreich erscheint, empfehlen wir Ihnen, sich damit wiederholt zu beschäftigen. Wir lernen das meiste Neue durch Wiederholungen. Als Kinder waren wir begeistert, wenn uns etwas gelang, und deshalb haben wir es so lange wiederholt, bis es uns »in Fleisch und Blut übergegangen ist«, dann hat es uns keine große Mühe mehr gekostet.

Es geht uns darum, einige Hinweise zu geben, mit welchen Themen man sich beschäftigen kann, um achtsamer und mitfühlender mit sich selbst und mit der Welt umzugehen. Natürlich gibt es noch eine große Zahl anderer Themen, die auch in diese Richtung weisen.

Die Thesen und Übungen aus Psychotherapie und Buddhismus wollen einigermaßen gesunden Erwachsenen helfen, konstruktiv mit schönen und schwierigen Erfahrungen umzugehen. Unsere Hinweise beziehen sich auf durchschnittliche Erfahrungen, die wir alle machen. Sie können mit den Thesen und Übungen arbeiten, die Sie inspirieren und so lernen, sie auf die spezifischen Herausforderungen Ihres Lebens anzuwenden.

Ein Hinweis zur Sprache: Wir verwenden häufig die weibliche Form und manchmal die weibliche und männliche Form. Wir möchten durch diesen Stil beide Geschlechter dazu ermuntern, darauf zu achten, mit wem sie sprechen und an wen sie sich richten, wenn sie reden und schreiben.

Jütchendorf und Köln

Luise Reddemann
Sylvia Wetzel

Zur Einstimmung

Wie ich mich auf den Weg mache

Luise Reddemann

Als ich sehr jung war, galt mir ein Satz des jungen Goethe: »Edel sei der Mensch, hilfreich und gut« als Richtschnur, und ich dachte nicht darüber nach, was das wohl für ein Mensch ist, der (nur) gut, edel und hilfreich ist. Ich fand den Satz einfach richtig, danach wollte ich streben! Dialektisches Denken war mir damals unbekannt.

Später, als ich begann, mich für Psychoanalyse zu interessieren, lernte ich, dass dieser Satz mit etwas zu tun hat, das Freud das »Über-Ich« nennt. Mit diesem Über-Ich kommt man nicht auf die Welt, man lernt durch die Umgebung, vor allem die Eltern, Gebote und Verbote, man lernt, was die Eltern wollen und was sie nicht wollen. In unserer Kultur lernen die meisten Kinder, dass die Eltern sie lieben, wenn sie »gut« oder brav sind, und dass es mit der Liebe hapert, wenn das Kind »böse« ist. Selbstverständlich hat das Über-Ich auch wichtige unterstützende und Halt gebende Funktionen, so wie gute Eltern diese auch ausüben.

Seit einiger Zeit gibt es einen berührenden Dokumentarfilm, der schlicht »Babys« heißt. Hier sieht man vier Babys aus vier Ländern von der Geburt bis zu dem Zeitpunkt, wo die Babys laufen können. Wenige Filme haben mich in letzter Zeit so stark berührt und bewegt.

Die Filmemacher haben die Babys einfach begleitet und gefilmt, im Film wird nichts kommentiert. Man sieht ein Baby aus San Francisco, eines aus Tokio, eines aus der Mongolei und eines aus Namibia. Alle Kinder haben zweifellos wohlmeinende und liebende Eltern und doch sind die Unterschiede für mich erschütternd. Vor allem das Kind aus Namibia ist in ständiger Nähe der Mutter, anderer Frauen und von Kindern, man sieht es so gut wie nie allein, aber dennoch entdeckt es seine kleine Welt selbständig, ohne dass sich viel eingemischt wird. Es ist geborgen und geschützt und erkundet aus diesem Halt heraus neugierig seine Umgebung. Dass Babys kleine Entdecker und Welteroberer sind und dass sie dafür nicht viel mehr als einen bergenden Rückhalt brauchen, vermittelt sich mir bei dem namibischen Baby am meisten. Furchtlos begibt es sich in Situationen, die jede deutsche Mutter aufschreien ließen. Die namibische Mutter ist immer verfügbar, sie ist zärtlich und sie lässt das Kind seine Entdeckungen machen, ohne sich einzumischen. So wird das Baby von einem Riesenhund liebevoll geleckt, und es scheint von der Zunge des Hundes so fasziniert zu sein, dass es beginnt, dessen Zunge zu lecken. Eine für unsereins unglaubliche Szene. Eine nahezu paradiesische Welt also. Ähnlich geht es dem mongolischen Baby, das allerdings manchmal etwas raue Erfahrungen mit einem vermutlich eifersüchtigen älteren Geschwister macht. Hier sieht man, wie das Baby eins ist mit der Natur. Es bewegt sich völlig selbstverständlich zwischen Kühen und anderen Tieren, die viel größer sind als es selbst.

Diese beiden Babys scheinen sich mit sehr wenig Einmischungen der Eltern zu entwickeln. Ganz anders das japanische und das amerikanische Baby. Hier scheinen die Eltern ständig aktiv dabei zu sein, die Babys anzuregen, damit sie sich »richtig« entwickeln – das ist meine Interpretation. Jedenfalls scheinen die Babys erheblich mehr elterlichen Beeinflussungen ausgesetzt und ich frage mich, ob sie überhaupt noch spüren dürfen, was sie selber wollen.

Was geschieht, wenn das Kind nicht will? Rasch wird das Kind als böse bezeichnet. Das japanische Baby zeigt auch, was durch die frühe Leistungsorientierung mit ihm geschieht: Wenn ihm etwas nicht gelingt, wird es verzweifelt wütend, es schreit und schlägt um sich. Das heißt, die ständige Einmischung macht das Kind unsicher, es vertraut sich nicht mehr selbst. Auch wenn im Film – natürlich – alle Babys laufen lernen und stolz und glücklich darüber erscheinen, blieb bei mir doch Trauer nach diesem Film darüber, dass in unserer leistungsorientierten Kultur – die in Japan wohl noch gesteigert ist – Kinder nur sehr schwer ihr Eigenes entdecken können.

Mit fortschreitender Erziehung weiß das Kind, was es soll und was es nicht darf, aber es weiß vielleicht nicht mehr, was es eigentlich will. Wenn wir als Kinder wissen, was wir sollen und was wir nicht dürfen, aber nicht mehr spüren können, was wir eigentlich wollen, entsteht eine Art »Loch im Selbst«, eine depressive Leere. Diese Leere kann man mit allerlei füllen, vielleicht mit Süßigkeiten, aber vielleicht auch mit klugen Sprüchen, mit denen man versucht, es denen, die man ja liebt und auf die man angewiesen ist, Recht zu machen. In diesem Sinn passte dann der Goethespruch zu mir als eine Art beruhigende Herausforderung. (Übrigens hat diese Art von depressiver Leere nichts mit der Leere zu tun, von der im Buddhismus die Rede ist.)

Heute sehe ich in dem Goethewort allenfalls so etwas wie eine Orientierung. Ja, es kann sinnvoll sein, danach zu streben, ein guter Mensch zu werden, und ein hilfreicher allemal. Und was heißt »edel«? Das ist inzwischen ein uns eher fremder Begriff, er scheint mit dem Schönen, Wahren und Guten zu tun zu haben.

Und doch: Wir sind nicht immer gut, wir sind nicht immer hilfsbereit und wir sind nicht immer nur am Schönen,

Wahren und Guten interessiert. Vor allem sind wir viel mehr als edel, gut und hilfreich. Wir sind auch wütend, wir fühlen uns ohnmächtig, wir lernen zu hassen, wir schämen uns, wir haben Angst. Goethe, der diesen Satz im Sinn der Aufklärung formuliert haben dürfte, hat natürlich formuliert, wie wir sein sollten, nicht wie wir sind.

Müssen wir uns dafür ablehnen, vielleicht sogar hassen, dass wir das, was wir sein sollten – oder auch sein möchten – nicht erreichen?

Ein Kind, das in Wut gerät, weil es etwas nicht kann, was von ihm gefordert wird, zieht eigentlich eine Grenze, denn Wut bedeutet Grenzziehung. Leider hilft ihm diese Grenzziehung nicht, weil es sich genau genommen ohnmächtig fühlt. Wenn ich mich ohnmächtig fühle, hilft es mir nicht, mich dagegen abgrenzen zu wollen, sondern ich sollte dieses sehr unangenehme Gefühl aushalten können. Ich sollte in der Lage sein, mich als nicht immer machtvoll annehmen zu können. Ein Kind kann das, wenn es sich geliebt fühlt. Wir als Erwachsene können das, wenn wir uns von uns selbst geliebt fühlen können.

Strenge Maximen von der Art des Goethespruchs können uns daran hindern, uns anzunehmen, statt dass sie uns dabei helfen, uns zu mögen. Wir können solche Maximen allerdings auch im Sinn einer Orientierungshilfe begreifen, wissend, dass wir das Ziel niemals ganz erreichen, eben weil wir nicht vollkommen sind.

Einen anderen Ausweg sehe ich darin, dass wir aufhören, »heilig« sein zu wollen und anstreben, ganze Menschen zu werden, die *auch* gerne edel, hilfreich und gut wären und denen das manchmal gelingt und manchmal nicht. Ein ganzer Mensch, was ist das? Oder, anders ausgedrückt, wie stellen Sie sich vor, ein ganzer Mensch zu sein?

Innehalten:
Bitte nehmen Sie sich einen Moment Zeit und fragen Sie sich, was Ihre Vorstellung eines »ganzen Menschen« ist. Was gehört Ihrer Meinung nach unabdingbar zu einem Menschen?
Kennen Sie Menschen, von denen Sie spontan sagen würden, ja, das ist ein ganzer Mensch?

Die Dichterin Rose Ausländer hat einmal gesagt: »Mit euch allen feiern/ das unverlässliche Leben.« Es geht mir auch ums Feiern dessen, ums Dankbarsein für das, was uns geschenkt ist und als Erwachsene sollten wir daneben akzeptieren lernen, dass das Leben nicht immer so verlässlich ist, wie wir es uns wünschen.

Die »Unverlässlichkeit« des Lebens lässt sich leichter ertragen, wenn man als Kind bedingungslose Verlässlichkeit der wichtigsten Bezugspersonen erfahren hat.

Jedoch, wie auch immer unsere Erfahrungen in der Kindheit waren, als Erwachsene haben wir die Chance, mit uns so zärtlich und liebevoll umzugehen, dass wir uns zumindest immer wieder für Momente mit uns selbst »zu Hause« fühlen. Ist man es nicht, hält man es »bei sich zu Hause« schlecht aus. Das führt bei nicht wenigen zu Ängsten und Depressionen. Es geht um die bedingungslose Akzeptanz von uns selbst, um das, was wir uns so oft von anderen wünschen. Für mich ist es immer wieder ein kleines Wunder, dass Menschen fähig sind, – selbst wenn sie Schlimmstes durchgemacht haben – sich mit sich selbst so zu befreunden, dass sie auch das unverlässliche Leben feiern können. Dabei kann einem psychologisches Wissen helfen, weil es dazu befähigt, sich – und andere – zu verstehen. Wenn ich mich verstehe, fällt es mir leichter, mich mit mir selbst zu befreunden. Und dann kann ich Wege finden, ein »ganzer Mensch« zu sein und Verantwortung für mich selbst übernehmen.

Heute frage ich lieber, ob Mensch sein vielleicht auch bedeutet, einen »heiligen Raum« zu betreten. Ist es nicht ein Geschenk, ein Mensch sein zu dürfen?

Vor Jahren gab es den Film »Stadt der Engel«, den ich sehr gerne mit meinen Patientinnen und Patienten angeschaut habe. Was hat uns da beeindruckt? Ein Engel will Mensch werden, weil er nicht fühlen und spüren kann, was es bedeutet, eine Birne zu essen, nicht die Freude erleben kann, die man empfindet, wenn einen das warme Wasser beim Duschen einhüllt, nicht die Freuden eines Kusses erfahren kann. Auf all dies ist der Engel neugierig. Als ich den Film zum ersten Mal sah, war ich besonders davon beeindruckt, dass es genau genommen um Alltägliches geht, das die meisten von uns im Allgemeinen gar nicht besonders wertschätzen. Wir finden es »normal«, dass wir fühlen, dass wir schmecken, dass uns etwas Freude macht. Was soll daran schon Besonderes sein? Die Begeisterung des Engels, der schließlich ein Mensch wird und damit mit all dem Unangenehmen konfrontiert ist, das Menschsein auch bedeutet, für das Leben und all seine Facetten, empfand ich damals als belebend. Ich hatte auf einmal das Gefühl, dass mein Leben einen Glanz hatte, den ich vorher so gar nicht erlebt hatte. Ich habe für mich entdeckt, dass jeder Augenblick, den mir das Leben schenkt, kostbar ist. Und dass es eine Menge Mut kostet, ein Mensch zu sein, weil es bedeutet, auch schmerzliche Erfahrungen zu machen. Erfahrungen, die der Engel bis dahin nicht kannte. Er verliert bald die geliebte Frau und sagt am Ende des Films auf die Frage, ob er es bereue, ein Mensch geworden zu sein, nein, er bereue es nicht. Und wenn er nur einmal erfahren habe, was ein Kuss bedeutet

– er hat natürlich mehr als das erfahren –, dann wäre er schon dankbar.

Als Menschen sind wir fühlende und spürende Wesen und das ist ein unglaubliches Geschenk. Dieses Geschenk teilen wir nach allem, was man heute weiß, mit den Tieren.

Was uns von ihnen unterscheidet, ist unsere Reflexionsfähigkeit, die uns darüber hinaus auch noch in besonderer Weise kreativ sein lässt.

Wir können spüren, wie es ist, eine Birne zu essen und dieses Spüren löst in uns angenehme Gefühle aus. Über diese Erfahrung können wir nachdenken, wir können ihr quasi noch einmal bewusst nachschmecken, sie mit der Erinnerung an andere Birnen, die wir gerne gegessen haben, verbinden, zum Beispiel an eine Birne aus der Kindheit, die wir vom Baum der Großeltern pflücken durften, ja sogar eine Erinnerung an das Gedicht vom Herrn Ribbeck von Ribbeck im Havelland mag uns einfallen und vieles mehr. Vielleicht können Sie jetzt beim Lesen fühlen, dass Sie Freude erleben, wenn Sie sich mit ihren Gedanken an Birnen beschäftigen. Das alles können Tiere so vermutlich nicht. Und ich halte auch diese Verbindung von Spüren, Fühlen und Denken und Reflektieren für ein Geschenk des Lebens.

Innehalten:
Fragen Sie sich, welche sinnliche Erfahrung aus der letzten Zeit für Sie besonders beglückend war und spüren Sie ihr für ein paar Momente nach. Können Sie für diese Erfahrung dankbar sein? Wie sähe Ihr Leben aus, wenn es diese Erfahrung nicht nur nicht gäbe, sondern Sie nicht dazu in der Lage wären; Sie würden nie ein unangenehmes Gefühl haben, aber auch nie ein angenehmes?

Wir bezahlen einen hohen Preis dafür, dass wir fühlen. Denn: »In der Welt habt ihr Angst.« Wir fürchten uns, wir sind verzweifelt, wir leiden, wir fühlen uns ohnmächtig, wir schämen uns. Das alles ist nicht leicht. Wir wünschen uns manchmal, dass wir davon befreit wären. Und hoffen, wenn wir nur genügend gut sind, dann...

Wenn jemand das Glück hat, ähnlich wie das namibische Baby groß zu werden, wird er oder sie innerlich so stabil sein, dass es ihm oder ihr leichter als anderen fallen wird, auch schmerzliche Gefühle zu ertragen. Menschen, die weniger gute Erfahrungen gemacht haben, werden vielleicht über lange Zeit einiges an Mühe aufwenden müssen, um ihre Erfahrungen als solche zu schätzen. Sie werden eher dazu tendieren, »nur gut« sein zu wollen, in der Hoffnung, dass ihnen dann »nur Gutes« widerfährt. Ich stelle mir vor, dass das sogar eine wichtige und hilfreiche Erfahrung sein könnte, bis es uns gehen würde, wie dem Münchner im Himmel, den es auf Dauer doch langweilt, immer nur Halleluja zu singen. Als Menschen möchten wir meist doch in der Spannung von Gegensätzen leben, sonst wird es uns einerseits langweilig und andererseits wüssten wir gar nicht, wie kostbar es sein kann, »edel, hilfreich und gut« zu sein. Dann spätestens beginnen wir zu bemerken, dass die Erfahrung des »Menschseins« etwas sehr Besonderes ist und einen schier unglaublichen Reichtum birgt.

Neuerdings zeigt die sogenannte Positive Psychologie, wie hilfreich es für das seelische Gleichgewicht ist, wenn wir dankbar sein können. Dankbare Menschen scheinen die zufriedensten zu sein. Zunächst sind die meisten Menschen dankbar dafür, dass sie schöne Dinge erleben. Nach und nach kann man erfahren, dass es manchmal auch die schmerzlichen Erfahrungen sind, die uns weiterbringen, und dass man sogar für diese schmerzlichen Erfahrungen dankbar sein kann. Dann stellt sich – manchmal – ein Gefühl von Ganzheit ein. Also das ist das Leben, mein Leben, alles gehört dazu, das bedeutet »Ganzheit«. Der Engel, der ein Mensch wird, steht dazu, dass er traurig, verzweifelt und wütend ist. Er sehnt sich durchaus nach dem gemeinsamen Gesang mit den Engeln, an dem er als Engel teilnehmen konnte, er verspürt einen Verlust und doch bejaht er sein Menschsein wegen der Möglichkeiten, die er nur als Mensch haben kann, wegen der Erfahrungen, die ihm sein Menschsein ermöglicht. So halte ich es heute für erstrebenswert, das Menschsein als Erfahrung im Ganzen zu bejahen und nicht ein paar Idealen allein nachzustreben. Ideale brauchen wir, aber wir sollten sie nicht dafür einsetzen, große Teile unserer Erfahrungen als Mensch auszublenden und abzuwerten bzw. einen Teil unserer Möglichkeiten so zu überhöhen, wie Goethe das in seinem Spruch tut, dass uns alles Andere schal erscheint. Das wäre ein großer Verlust, vielleicht sogar für das »große Ganze«, wer weiß.

Mensch sein bedeutet bei genauer Betrachtung immer wieder neu Mensch werden. Deshalb mag ich den Satz, der Weg entsteht unter deinen Füßen. Mit dem Weg, den ich entstehen lasse, entstehe ich selbst immer wieder neu.

Ich betrachte die Dinge des Lebens häufig durch eine Brille, die man entwicklungspsychologisch nennen könnte, weil ich davon ausgehe, dass viele Weichen in der Kindheit gestellt werden. Ich weiß, dass es eine Utopie ist, aber ich bin mir sicher, dass eine Welt, in der Kinder geliebt sind und in Frieden und Sicherheit aufwachsen können, ihren Bedürfnissen entsprechend und respektiert als ganze Menschen, unser aller Leben leichter machen würde. Man kann die Dinge des Lebens später zwar umstellen, und es ist gut, dass wir das können, aber es bleibt mühsamer.

Ich fühle mich mit zunehmendem Alter einem Prinzip verbunden, das man »Transzendenz in der Immanenz« nennt. Über mich selbst hinauszuwachsen im Leben hier und jetzt und mich mit allem Leben in Ehrfurcht zu verbinden, ist mein Wunsch und meine Sehnsucht. Dazu sagt der Hirnforscher Gerald Hüther, dass jeder Mensch am Anfang seines Lebens im Mutterleib die Erfahrung gemacht hat, über sich selbst hinauswachsen zu können. Diese frühen Erfahrungen prägen uns und wir können, wenn wir wollen, uns jederzeit darauf wieder so beziehen, dass die Kraft dieser frühen Erfahrungen uns erneut zur Verfügung steht. Die Anregungen, die dazu aus dem Buddhismus kommen, sind Schätze, die ich nicht missen möchte.

Auch Psychotherapie kann dabei helfen. Fast jede Psychotherapie strebt an, Menschen dabei zu ermutigen, ihre Gefühle annehmen und auskosten zu können, sich nicht vor ihnen zu fürchten.

Vielleicht müssen wir dafür zu dem Kind, das wir waren, zurückkehren und langsam seine Welt wiederentdecken. Seine unglaubliche Entdeckerfreude, seine Offenheit, seine Lebenslust. Und seine Traurigkeit, seinen Schmerz des nicht Beantwortetwerdens, seine Sehnsucht.

Es könnte sein, dass mich der Wunsch nach Ganzsein zur Psychotherapie brachte, vordergründig war es der Wunsch, mich besser zu verstehen. Und sich besser verstehen hilft in der Tat auch dabei, sich ganz und gar annehmen zu können. Psychotherapie hilft meist, sich selbst anzunehmen, ja sogar sich zu mögen, sich mit sich selbst zu befreunden.

Durch Psychotherapie erfährt man etwas über das, was zunächst gar nicht bewusst ist, etwas über Motive, die einen bewegen, ohne dass man das wusste. Man kann lernen, mutiger zu werden, so dass man sich und dem Leben achtsamer und offener begegnen kann. Man lernt, weniger Angst zu haben und sich mehr zu freuen.

Psychotherapie hilft, dass man sich auch noch mag, wenn man sich nicht immer »edel, hilfreich und gut« verhält und weil man sich immer besser versteht, kann man Mitgefühl entwickeln – für sich selbst, für leidvolle Erfahrungen und für andere Menschen. Und erstaunlicherweise kann einen das nach und nach tatsächlich gütiger und hilfsbereiter machen.

Meine Lehranalyse hat mich befähigt, meine ursprüngliche Neugier wieder zu entdecken und ihr zu vertrauen. Dafür bin ich meiner Lehranalytikerin dankbar. Neugier und Wissensdurst helfen, sich auch immer wieder auf ganz Neues einzulassen. Dazu gehörte bei mir das Einlassen auf Meditation und daraus ergab sich die Begegnung mit Sylvia Wetzel. Wir sind jetzt schon über zehn Jahre miteinander immer wieder im Gespräch. Wir können es aushalten, dass wir verschiedene Ansichten und sogar Grundüberzeugungen haben und haben immer wieder Freude daran, voneinander zu lernen.

Damit hängt zusammen, dass ich mir gewünscht habe, dass wir gemeinsam ein Buch schreiben, in dem wir Gedanken, die wir miteinander ausgetauscht haben, auch mit Ihnen, den Leserinnen und Lesern, teilen.

Die buddhistischen Vorstellungen von uns Menschen und der Welt empfinde ich als große Bereicherung, selbst wenn ich längst nicht alle Überzeugungen teile. Sie verhelfen mir immer wieder zu Perspektivenwechseln, den größten Gewinn habe ich daraus gezogen, dass es im Buddhismus – sinngemäß – heißt: Leiden gibt es, man macht es schlimmer, wenn man es nicht akzeptiert. Es gibt einen Weg der Befreiung, der lautet, erkenne »die Schleier«, die dich daran hindern, deine Buddha-Natur zu erkennen.

Das hat auf meine therapeutischen Konzepte nachhaltigen Eindruck gemacht, so dass ich heute mehr denn je darauf achte, auf die Äußerungen der »Buddha-Natur« bei mir und denen, die ich begleite, zu hören. Das beglückt mich oft.

Wenn ich traurig, wütend und beschämt bin, ergänzt sich mein psychoanalytisches Wissen mit dem mitfühlenden des Buddhismus und das gibt mir neue Kraft zum Menschsein.

Meine Texte sind in gewisser Weise eine Fortsetzung von »Eine Reise von 1000 Meilen beginnt mit dem ersten Schritt«. Ist der erste Schritt getan, beginnen sich neue Fragen zu stellen, man muss manche Hürde überwinden, Unsicherheiten aushalten, und auch die Schönheit der Welt gilt es zu erkennen.

Es ist gut, wenn man verlässliche Gefährten auf dem Weg trifft. Sie zeigen einem Dinge, die man selbst nicht wahrnimmt. Ich bin Sylvia Wetzel dankbar, dass sie mich immer wieder auf dem Weg durchs Leben begleitet.

Ich gehöre zu den Menschen, die gerne lesen, andere machen ihre Entdeckungen auf andere Art. Finden Sie heraus, auf welche Art Sie die Welt am liebsten entdecken, dann können Sie sich für ihren Weg begeistern.

Ich hoffe, dass dieses Buch Ihnen Lust macht, die Freude an Ihrem Menschsein zu entdecken.

Gemeinsam unterschiedliche Wege gehen

Sylvia Wetzel

Anstoß zu diesem Buch gaben zehn gemeinsame Seminare zum Thema »Ressourcenorientierte Arbeit« mit sich selbst und mit Klienten, für Psychotherapeutinnen und Psychotherapeuten mit Berufserfahrung, die wir von 2000 bis 2010 in Bielefeld, Berlin, Bremen und Zürich durchführten.

Die gemeinsame Arbeit ist für uns beide ein großes Geschenk. Wir lernen viel voneinander, im Hinblick auf Gemeinsamkeiten und Unterschiede zwischen psychotherapeutischen und buddhistisch-meditativen Ansätzen, aber auch durch unsere unterschiedliche Art, Themen aufzubereiten und zu vermitteln. Außerdem macht es einfach Spaß, wenn zwei kompetente Frauen zusammenarbeiten, die sich schätzen und sich nicht als Konkurrentinnen, sondern als Kolleginnen und Freundinnen auf dem je eigenen Weg erleben.

Wir wünschen Ihnen viel Inspiration und Selbsterkenntnis bei der Lektüre des Buches. Wenn Sie beim Lesen und Ausprobieren der Ansätze in diesem Buch nur einen Bruchteil der Freude und Einsichten haben, wie wir beide und die Teilnehmerinnen und Teilnehmer unserer Seminare, dann hat sich unsere Arbeit an diesem Text mehr als gelohnt.

»Wer tagtäglich mit Menschen zu tun hat, die an seelischen Wunden leiden, braucht viel Feinfühligkeit und Klarheit, Kraft und Ausdauer, Verantwortungsgefühl und Selbstvertrauen. Sie sind notwendig, um tagtäglich Grenzen zu spüren und zu setzen, sich schnell zu regenerieren und immer wieder Kraft zu tanken. Verantwortung für andere Menschen mündet dann nicht in Überforderung, wenn wir die eigenen Ressourcen spüren und sie in Klientinnen und Klienten und Kolleginnen und Kollegen entdecken und fördern. Der Kurs führt in das theoretische Modell der ressourcenorientierten Arbeit ein, stellt unterschiedliche Konzepte von Verantwortung vor und vermittelt kognitive, imaginative und konzentrative Verfahren, die zu einem einfühlsamen und kräfteschonenden Umgehen mit sich und anderen beitragen.«

So lautete der Ausschreibungstext für unser erstes gemeinsames Seminar im Juni 2000 in den Räumen der Psychosomatischen Klinik des Evangelischen Johanneskrankenhauses in Bielefeld, deren Leiterin Luise Reddemann von 1985 bis Ende 2003 war. Im Großen und Ganzen blieb das unser Ansatz, auch wenn wir je unterschiedliche Schwerpunkte setzten.

Seit 1995 hatte ich zwei- bis dreimal im Jahr buddhistische Meditationskurse zu einer Vielfalt von Themen im Plenum der Psychosomatischen Klinik in Bielefeld durchführen können, an denen viele Menschen aus sozialen, helfenden und heilenden Berufen teilnahmen. Immer wieder führten wir lange Gespräche über Unterschiede und Gemeinsamkeiten psychotherapeutischer und buddhistisch-meditativer Ansätze, denn beide Disziplinen zeichnen sich durch eine kaum überschaubare Vielfalt von Erklärungsmodellen und praktischen Verfahren aus. Auch das ist eine Gemeinsamkeit, die wir beide sehr schätzen, denn sie bietet experimentierfreudigen Menschen wie uns ein großes Feld von Modellen und Methoden, die für unterschiedliche Menschentypen anwendbar sind.

Man kann Themen unterschiedlich aufbereiten. Man kann sie systematisch und detailliert entwickeln und mit nützlichen und inspirierenden Zitaten anreichern. Man kann aber auch einzelne Aspekte aus unterschiedlichen Perspektiven umkreisen. Das ist mein Ansatz, und er hat sicherlich viel damit zu tun, wie ich öffentliche Vorträge vorbereite und halte. Ich erforsche in Vorträgen eigentlich immer nur zwei Themen: Wie funktionieren wir in der relativen Dimension und wie kommen wir in Kontakt mit unserer Tiefendimension? Das untersuche ich an unterschiedlichen Facetten unseres Erlebens: Selbstbild und Menschenbild, Arbeit und Freizeit, berufliche und persönliche Beziehungen, Lebensphasen und Lebenskrisen. Das führt dazu, dass bestimmte Aussagen immer wieder auftauchen, weil sie sich auf alle Bereiche des Lebens beziehen. Wiederholung gilt als eine sehr wirkungsvolle Methode, neue Perspektiven immer besser kennenzulernen und in unser Leben integrieren zu können. Sie können im Spiegel meiner Thesen erforschen, was Sie selber denken und wie Sie mit sich und anderen umgehen.

Auf dem Weg zu einem konstruktiven Umgehen mit uns und anderen begleiten uns Achtsamkeit und Mitgefühl, und sie entfalten und vertiefen sich mühelos, wenn wir uns selber immer besser kennen und die Quelle von allem entdecken. Denn Achtsamkeit ist der Zipfel Buddha-Natur in unseren Händen und der rote Faden zu unserer Tiefendimension. Und Mitgefühl ist die natürliche Antwort, wenn wir Schwierigkeiten und Ängsten begegnen, in uns und anderen. In dem Sinn stehen Achtsamkeit und Mitgefühl am Anfang des Weges, der beim Gehen entsteht, sie sind das Herzstück des Weges und die Frucht.

Ich gehe davon aus, dass wir dann kreativ und konstruktiv mit unserer menschlichen Bedingtheit, mit Schwächen und Unvollkommenheit umgehen, wenn wir unsere Tiefendimension entdeckt haben und aus dem Vertrauen in sie leben. Wenn wir unser »wahres Wesen« entdecken, wissen wir zugleich, dass das die Tiefendimension aller Menschen ist, und das nennen die Buddhisten Buddha-Natur und die Christen vielleicht das Göttliche in uns.

Ich wünsche Ihnen Mut und Ausdauer, Geduld und Humor für die Entdeckung Ihrer menschlichen Seiten und Ihrer Tiefendimension, denn wir brauchen beides zu einem guten Leben.

1. Verantwortung übernehmen und abgeben

Ehrfurcht vor dem Leben

Luise Reddemann

Verantwortung ist ein viel gebrauchtes und viel missbrauchtes Wort. In meiner Arbeit habe ich oft gehört, wie vorwurfsvoll gesagt wurde, jemand übernehme keine Verantwortung für sich selbst. Deshalb will ich der Frage nachgehen: Wie kann das gehen, für sich selbst Verantwortung zu übernehmen?

Heute wissen wir viel genauer als früher, dass kleine Menschen als aktiv Handelnde auf die Welt kommen. Jesper Juul meint, ein Kind komme als ganzer Mensch auf die Welt. Das finde ich schön ausgedrückt, weil ja lange Zeit der Eindruck erweckt wurde, auch und gerade von Seiten der Psychologie, ein Kind sei irgendwie nur halbfertig. So war zum Beispiel die Rede von der mehrere Wochen anhaltenden »autistischen« Phase des Kindes, so als sei das Kind weitestgehend unfähig zu eigenen Handlungen. Das ist lange widerlegt, dennoch weiterhin in einigen Köpfen präsent. Trotzdem ist jedem klar, dass ein Kind nicht in gleicher Weise für sich selbst verantwortlich sein kann wie ein Erwachsener. Das hat vor allem damit zu tun, dass kleine und größere Kinder die Folgen ihres Handelns nicht gut abschätzen können. Sie brauchen Gegenüber, die ihnen zu erkennen helfen, dass Handeln Folgen hat, dass es manchmal anderen gut tut und manchmal schaden kann. Das wiederum erfordert Mut der Erwachsenen, dass sie nicht immer nur streng oder nicht immer nur »nett« mit einem Kind sind, sondern dass sie sich als aufrichtiges Gegenüber, das das Kind und dessen Würde respektiert, zur Verfügung stellen. Dazu gehört, dass der erwachsene Mensch für seine Grenzen eintritt, denn nur so kann das Kind lernen, dass der andere Mensch anderes will als es selbst, dass er Schmerz empfindet, wenn das Kind etwas tut, z.B. die Mutter an den Haaren zieht. Das tut das Kind aber nicht, weil es weh tun will, sondern weil es es spannend findet, an den Haaren zu ziehen. Dann sagt die Mutter, au, das tut mir weh, das will ich nicht und nimmt die Hand des Kindes weg. Glück hat das Kind, wenn es jetzt erleben kann, dass die Mutter diese Handlung nicht mag, aber dass sie das Kind liebt. Wenn die Mutter mit oder ohne Worte deutlich macht, du bist böse, weil du das tust, bekommt das Kind Angst. Angst vor sich selbst, Angst vor der Mutter. Es wird vielleicht, weil es neugierig ist, es noch ein paar Mal versuchen, aber irgendwann wird seine Angst groß genug sein, dass es aufgibt. Es hat gelernt, dass es böse ist, etwas zu wollen, es hat nicht gelernt, dass Menschen Dinge verschieden erleben und empfinden können, und dass es deshalb manchmal sinnvoll ist, etwas, was man gerne tun würde, nicht zu tun. Es wird nicht erfahren haben, dass seine Neugier und sein Wollen gut sind. Mehr Glück hat das Kind, wenn die Mutter ihrerseits ihm durchs Haar fährt, aber auf zärtliche Weise und dass es das nachmachen kann.

Jesper Juul sagt, dass Kinder keine Erziehung brauchen, sondern Vorbilder. Um Vorbild zu sein, sollte ich in der Lage sein, Verantwortung für mich zu übernehmen. Dazu ist es nötig, dass ich weiß, was ich will. Will ich das Kind jetzt streicheln, will ich von ihm gestreichelt werden? Wie kann ich das, was ich will, zum Ausdruck bringen? Ich sollte mir auch bewusst sein, dass mein Kind meinen Schutz braucht, um die komplexe Welt zu erfassen. Wenn ich das weiß, kann ich noch einmal neu darüber nachdenken, wie ich meinem Kind seine Freude am Entdecken lassen kann und ihm zeige, dass es mir weh tut, wenn es mich an den Haaren zieht und es unter Umständen auch daran hindere. Das ist keine leichte Aufgabe und schon an diesem kleinen Beispiel wird deutlich, was alles darin enthalten ist, wenn ich Verantwortung übernehmen will: Es wäre gut, wenn ich über mich selbst gut Bescheid wüsste, über meine Stärken, Schwächen und Empfindlichkeiten. Es wäre günstig, wenn ich etwas über die Entwicklung von kleinen Kindern wüsste und wenn es mir möglich wäre, mich in das Kind einzufühlen. Es geht also um Verantwortung in Bezug auf mein Wohlergehen und Empfinden und in Bezug auf das Wohlergehen des anderen Menschen. Die Positive Psychologie erforscht, was Menschen hilft, ein »gutes Leben« zu führen. »Gutes Leben« meint ein sinnerfülltes Leben, das einem selbst und anderen guttut.

Ich wähle noch ein simples Beispiel: Wenn ich aus dem Haus gehe, muss ich einen Überweg überqueren, dessen Ampel unendlich lang auf Rot für Fußgänger geschaltet ist. Da kommen in mir viele Gedanken auf, z.B. dass ich es ärgerlich finde, in einer Welt zu leben, die Autos offensichtlich wichtiger nimmt als Menschen. In was für einer Welt lebe ich, die Autos den Vorrang vor Menschen einzuräumen scheint? Wie komme ich überhaupt dazu, das zu akzeptieren? Vielleicht sollte ich mich einer Organisation anschließen, die sich für die Rechte von Fußgängern einsetzt? Sollte ich die Ampel ignorieren? Kann ich das verantworten, wenn Kinder in der Nähe sind, denen ich ein schlechtes Beispiel gebe, weil es für sie gefährlich wäre, bei Rot die Straße zu überqueren? Wäre es dann nicht doch besser, dass ich immer »schön brav« warte, bis die Ampel umschaltet? Dann fällt mir ein, dass sich die Holländer über uns Deutsche amüsieren, dass wir an jeder roten Ampel warten, egal ob Autos in Sicht sind oder nicht, was sind wir nur für untertänige Idioten?! Dafür schäme ich mich jetzt beinahe. Und so geht es weiter in mir. Da scheinen viele verschiedene Stimmen zu sein, die miteinander streiten, was ich denn nun machen soll, wenn ich diese Ampel vor mir habe.

Ich entscheide mich dafür, situativ immer neu zu entscheiden. Erstens schaue ich, wo Autos sind und in welcher Entfernung. Zweitens überprüfe ich, ob Kinder da sind und dann handle ich je nach Situation. Manche mögen jetzt der Meinung sein, dass ich mich so nicht verhalten sollte, sondern immer an der roten Ampel warten sollte. Und ich meine, wenn Sie zutiefst dieser Überzeugung sind, sollten Sie sich nach ihr richten und nicht nach dem, was ich mir überlegt habe.

Zunächst kann jede Person immer nur für sich Verantwortung übernehmen. Man könnte darüber diskutieren, ob es für ein größeres Ganzes von Belang ist, dass ich immer rote Ampeln akzeptiere oder dass es möglicherweise gerade für dieses größere Ganze wichtig ist, dass ich Wege finde, mich anzupassen und mich abzugrenzen, eben je nach Situation.

Dieses simple Beispiel und das vorherige zeigen, dass es psychologisch betrachtet nicht einfach zu bestimmen ist, was Verantwortungsübernahme heißen sollte.

In den 70er Jahren war es die Regel, dass man einer anderen Person, die sich von einem selbst verletzt fühlte, zurückgab, »das ist dein Problem«; viele waren sich darin einig, dass man nur für sich selbst Verantwortung übernehmen könne. Wenn jeder für sich Verantwortung übernähme, dann könne ja nicht viel schief gehen. Das galt allenfalls nicht für den Umgang mit Kindern und Behinderten. Dabei wurde übersehen, dass wir miteinander verbunden sind.

Aus einer neurobiologischen Sicht kann man das heute mit den »Spiegelneuronen« erklären. Die Hypothese der Spiegelneuronen erklärt, warum wir dazu fähig sind, fühlen zu können, was andere fühlen, intuitiv erfassen können, was andere vorhaben, usw. Das Gute an diesem Konzept ist, dass wir zur Kenntnis nehmen dürfen, dass wir mit diesen Neuronen ausgestattet sind. Daraus leite ich ab, dass etwas, was größer ist als ich selbst, schon lange dafür gesorgt hat, dass ich erleben kann, dass ich mit anderen aufs Engste verbunden bin. Ich brauche es einfach nur noch anzuwenden und das hat jede und jeder von uns ja schon längst immer wieder einmal gemacht. Wenn ich aber verbunden bin mit anderen, dann habe ich auch für sie Verantwortung, denn in gewisser Weise sind wir »ein Ganzes«. So wie meine Hand nichts tun kann, das sich nicht auf den ganzen Körper auswirkt, so kann ich auch nicht Dinge tun, die keine Auswirkung haben auf andere. Verantwortung für mich selbst bedeutet von daher immer auch Verantwortung für andere.

Eine andere Erklärung dafür, dass wir für uns selbst und andere, ja die ganze Schöpfung, Verantwortung haben, liefern die Systemtheorie und die Kybernetik, die ebenfalls zeigen, dass Lebewesen aufeinander einwirken und dass ein Lebewesen, das nur auf den eigenen Vorteil bedacht ist, letztlich zugrunde geht, wenn es sich Erkenntnissen über ökologische Zusammenhänge verschließt. Am einleuchtendsten hat das für mich Albert Schweitzer formuliert: »Ich bin Leben, das leben will, inmitten von Leben, das leben will.« Er nennt das auch »Ehrfurcht vor dem Leben«.

Innehalten:
Ich lade Sie ein, diesem Satz nachzuspüren und herauszufinden, was er jetzt in diesem Augenblick für Sie bedeutet. Vielleicht mögen Sie ihn sich immer wieder ins Gedächtnis rufen und sich fragen, was er an einem jeweiligen Tag für Sie bedeutet.

Dann können Sie bemerken, dass Sie nicht immer gleich aufgelegt sind, diesen Satz in vollem Umfang wirken zu lassen. Wenn Albert Schweitzer über eine Wiese ging, soll er versucht haben, nichts zu zertreten und zu beschädigen. Sollten wir auch Verantwortung dafür übernehmen, dass wir anderes Leben zerstören müssen? Und wie weit will ich damit gehen?

Psychologische Theorien versuchen zu erklären, warum Menschen zerstörerisch sind. Erich Fromm vertritt die Auffassung, dass es Menschen gibt, die das Leben lieben und deshalb alles Leben schützen wollen, während andere dem Leben gegenüber feindselig eingestellt sind und es daher sogar zu vernichten suchen. Er und andere gehen davon aus, dass es daran liegt, ob wir uns zunächst einmal als Kinder geliebt fühlen und erleben, ob aus uns später Biophile – das Leben Liebende – oder Nekrophile – den Tod Liebende – werden. Diese Idee halte ich für überzeugend, obwohl ich weiß, dass sie nicht von allen geteilt wird.

Die Liebe zum Leben wurde z.B. bei Willi Graf, einem Mitglied der »Weißen Rose«, gefördert. Seine Schwester Anneliese, mit der ich befreundet war, hat mir erzählt, wie liebevoll die Eltern gewesen waren, wie zärtlich. Das hat Willi dazu motiviert, gegen die Nazis, die er als lebensfeindlich erkennen konnte, aufzubegehren und dafür sogar sein Leben zu riskieren, nicht aus einer lebensfeindlichen

Haltung zu sich selbst, sondern aus Verantwortung für das größere Ganze. Er gab seinen Auftrag an seine Schwester weiter, die bis ins hohe Alter und bis kurz vor ihrem Tod unermüdlich durch Deutschland reiste, um Kindern von der Nazizeit zu erzählen und wie wichtig es sei, dass so etwas nie mehr geschehen dürfe. Sie war ein überzeugendes Beispiel für Lebensliebe und Lebensfreude. Eine Heilige war sie nicht. Sie konnte sich auch über Ungerechtigkeit und Mangel an Solidarität ereifern. Und auch das mochte ich an ihr.

Ein anderer alter Mensch, vier Jahre älter als Anneliese Knoop-Graf, ist Stéphane Hessel, der vor kurzem eine kleine Schrift »Indignez-vous«, auf Deutsch »Empört Euch« publiziert hat, die inzwischen ein Bestseller geworden ist. Es ist diesem alten Mann wichtig, dass wir Ungerechtigkeit erkennen, benennen und uns dagegen auflehnen. Er übernimmt Verantwortung, indem er den Jüngeren von den Zielen der Resistance berichtet und uns mahnt, dass wir diese Ziele nicht verraten dürfen. Könnte er sich nicht zurücklehnen und meinen, was soll's, ich bin uralt, sollen doch die Jüngeren ihren Weg finden? Er übernimmt Verantwortung auch für die nächste und übernächste Generation, erzählt von früher, so wie das auch Anneliese Knoop-Graf über 60 Jahre lang getan hat.

Diese beiden, neben einigen anderen, sind für mich Vorbilder in Verantwortungsübernahme.

Innehalten:
Kennen Sie Menschen, die für Sie Vorbild in Verantwortungsübernahme sind? Was macht Ihnen an diesen Menschen Eindruck? Inwiefern möchten Sie handeln wie diese Menschen?

Menschen aus Heilberufen neigen dazu, zu viel Verantwortung zu übernehmen. Wenn sie sich deshalb, früher oder später, ausgebrannt fühlen, lehnen sie oft jede weitere Verantwortung ab. Sie haben des Guten zu viel getan und jetzt geht gar nichts mehr. Schon diese Reaktion weist darauf hin, dass es kein guter Weg ist, anderen Menschen die Verantwortung für sich selbst abnehmen zu wollen.

Wie schon weiter oben bei der Mutter erwähnt, ist es aus meiner Sicht wichtig, dass man sich selbst und die eigenen Grenzen gut kennt, um Verantwortung übernehmen zu können.

Menschen in helfenden Berufen haben oft hohe Ideale, die dann leider durch die Belastungen des Alltags wie an der Sonne zu schmelzen scheinen. Zu viel Sonne verbrennt das Lebendige, obwohl alles Leben Sonne zum Leben benötigt. Ideale können einen hellen Schein auf das Leben werfen und sie können es zerstören, wenn wir zu viel davon einsetzen, wir werden dann fanatisch und verlieren den Blick für das den Menschen Mögliche. Viele Idealisten wurden am Ende Zerstörer.

Verantwortung verstehe ich daher auch als die Bereitschaft, Grenzen anzuerkennen, bei mir und bei anderen, und daraufhin das Menschen Mögliche einschätzen zu lernen. Dabei können Ideale wertvolle Begleiter sein, solange man anerkennt, dass sie so etwas wie Leitsterne sind.

Menschen in Heilberufen trauen denen, denen sie helfen wollen, oft nicht genug zu. Eine psychologische Erklärung dafür kann sein, dass sie sich selbst damit aufzuwerten versuchen. Und möglicherweise deshalb ihre eigenen Grenzen, für die sie Verantwortung tragen, nicht wahrnehmen können.

Auch wenn wir mit anderen verbunden sind, bedeutet das nicht, dass wir über unsere Kräfte gehen sollten. Mir hat in diesem Zusammenhang geholfen zu erkennen, dass ich nicht hilfreich sein kann, wenn ich mich überfordere. Das führt dann erneut dazu, dass ich mich selbst gut kennen sollte. Und das wiederum führt fast zwangsläufig zum Thema Selbstliebe und Selbstakzeptanz.

Verantwortung ohne Mitgefühl ist für mich nicht vorstellbar. Wenn ich mitfühlen kann – mit mir und anderen – ist es leichter, Verantwortung zu übernehmen, weil dann kein innerer Druck entsteht.

Innehalten:

Betrachten Sie sich, wenn Sie mögen, im Spiegel. Können Sie erkennen, wie müde und erschöpft Sie sind, oder wie voller Freude und Kraft, oder wie traurig, usw.?

Können Sie sich vorstellen, diesen Menschen, den Sie da vor sich im Spiegel sehen, mitfühlend in den Arm zu nehmen?

Ich wünsche Ihnen, dass Sie sich jetzt sagen, dieser Mensch, den ich da sehe, dem geht es jetzt gerade so und so und das ist menschlich und weil es das ist, liebe ich mich, wie ich bin! Ich bejahe mich als Mensch, denn dafür bin ich auf der Erde.

Verantwortung für mich und andere

Sylvia Wetzel

Was du nicht willst, das man dir tu,
das füge keinem andern zu.
Und was du willst, das man dir tu,
das füge auch den andern zu.
Die Goldene Regel

Ich möchte im Folgenden untersuchen, wie innere und äußere Bedingungen zusammenwirken, wenn wir Verantwortung übernehmen und Methoden vorschlagen, wie wir bei uns und anderen Ressourcen stärken können. Verantwortung für andere Menschen mündet dann nicht in Überforderung, wenn wir die eigenen Ressourcen spüren und sie in unseren Mitmenschen entdecken und fördern.

Innehalten:
Zunächst möchte ich einige Fragen stellen: Wo beginnt und endet unsere Verantwortung, als Therapeutin oder Klientin, als Mitarbeiterin, Freundin oder als Teil einer Familie? Welche Rolle spielen äußere und innere Aufhänger, die aktuelle Verfassung und alte Muster bei der Verarbeitung von Erfahrungen? Wie wichtig sind äußere Aufhänger: soziale Strukturen, das eigene Familiensystem und unsere Beziehungen? Welche Bedeutung haben unsere Einstellungen und Erwartungen? Wer oder was ist »schuld«, wenn ein Leben nicht gelingt? Ist überhaupt jemand schuld?

Eine kurze Antwort auf all diese Fragen ist schlicht: Ursachen und Bedingungen sind sehr komplex. Kausale Erklärungen können zwar scheinbar Ordnung schaffen und uns beruhigen, aber nur für kurze Zeit. Denn kausale Erklärungen vereinfachen das komplexe Zusammenspiel zu sehr. Verantwortung für unser Leben, für unsere Arbeit und unsere Beziehungen zu übernehmen, bedeutet nicht, dass wir uns für die einzige Ursache für das Wohlbefinden oder Leiden, für die Krankheit oder Genesung der Menschen in unserer Obhut, für unsere Kinder oder Eltern, für Klienten und Mitarbeiterinnen halten. Sondern nur, dass wir in jeder Situation, im Rahmen unserer Möglichkeiten, unser Bestes geben. Das möchte ich am Zusammmmenspiel von Aufhänger, Stimmung und Hintergrund verdeutlichen.

Der Buddhismus stellt eines sehr klar: Wir sind nicht verantwortlich für das, was uns zustößt, was wir erfahren: für die Menschen, denen wir begegnen und ihr Verhalten, für das Wetter und wirtschaftliche und soziale Bedingungen. Wir sind allerdings verantwortlich für unser Umgehen damit, für unsere emotionalen und kognitiven Reaktionen. Wir können die Bedingungen in unserer Umwelt nur bedingt beeinflussen. Wir können alles tun, was in unserer Macht steht und was ethisch vertretbar ist, um die Welt so zu gestalten, dass wir und andere ein gutes Leben führen, und um die Menschen, mit denen wir zu tun haben zu motivieren, dass sie das tun, was wir gerne mit ihnen erleben würden. Dieser Einfluss hat allerdings Grenzen.

Wir können beobachten, welche äußeren Bedingungen welche Muster, Ängste und Emotionen auslösen: Welche Gespräche, Geräusche, Arbeitsbedingungen fördern unsere besten Seiten und welche strengen uns an, wecken Unsicherheit oder irritieren uns? Wir können immer wieder die Umstände und Bedingungen suchen und schaffen, die unsere besten Seiten stärken und die uns helfen, Kraft zu schöpfen, uns zu entspannen und Zugang zu unseren Ressourcen zu finden.

Wir können versuchen, die Umstände und Bedingungen, die uns unter Druck setzen, zumindest phasenweise zu vermeiden, solange, bis wir besser damit umgehen können. Da unser aktuelles Befinden und unser kognitiver und emotionaler Hintergrund bestimmen, wie wir mit schönen und schwierigen Erfahrungen umgehen, sollten wir soweit wie möglich dafür sorgen, dass wir nicht ständig »auf dem Zahnfleisch gehen«. Je entspannter und klarer wir sind, und je mehr Zugang wir zu unseren Ressourcen haben, desto konstruktiver können wir mit aktuellen schwierigen Erfahrungen umgehen und desto besser können wir auch alte Wunden verarbeiten, die durch schwierige Erfahrungen aktualisiert werden.

Eine große Hilfe in schwierigen Situationen ist für mich eine veränderte Perspektive. Statt wie gewohnt zu fragen, was oder wer schuld an einer Krankheit oder einem Konflikt, an einem verpassten Termin oder einer verpatzten Einladung ist, können wir schlicht fragen: »Was kann ich tun, um die Situation zum Positiven zu verändern?« Natürlich sollten wir immer auch die inneren und äußeren Bedingungen der Beteiligten zur Kenntnis nehmen und falls möglich positiv darauf einwirken, aber meist geht das nicht so schnell. Mit der Frage: »Was kann ich tun?« nehmen wir eine konstruktive und lösungsorientierte Haltung ein, und das ist oft schon die »halbe Miete«.

Wo liegt die Grenze zwischen verantwortlichem und unverantwortlichem Handeln? Wir versuchen, die Situation mit allen uns gegebenen Mitteln zu verstehen, bis wir eine vernünftige Begründung für unser Verhalten finden. Es wird immer ein Rest bleiben, den wir nicht begründen können, und das akzeptieren wir. Buddhistisch formuliert, wir untersuchen die Ursachen und Bedingungen soweit wie möglich und folgen ansonsten unseren ethischen Prinzipien, im Wissen, dass unser Wissen Grenzen hat. Wir handeln unverantwortlich, wo wir erst gar nicht versuchen, gute Gründe für unser Handeln zu finden oder auf Handeln verzichten, weil wir keine vollständige Begründung finden. Verantwortlich handeln ist also immer eine Gratwanderung: zwischen Vernunft und Einsicht und ethischen Prinzipien. Wenn wir die innere Stimme des Gewissens, den Ausdruck unserer ethischen Grundwerte, nicht mehr oder noch nicht hören können, neigen wir dazu, entweder alten Mustern oder Konventionen zu folgen oder uns primär auf rationale Begründungen oder Vorschriften zu stützen und deren Grenzen zu übersehen oder bewusst zu ignorieren.

Eine allgemeine Orientierung bietet die Goldene Regel, die mir neben den buddhistischen Lehren zur Ethik eine gute Orientierung im Leben gibt. Ich formuliere sie hier in der bekannten negativen Variante: was wir nicht tun sollen, und in der im Buddhismus sehr betonten positiven Variante: was wir stattdessen tun sollen. Wenn wir das mit Aufmerksamkeit für unser eigenes Befinden und das der anderen verbinden, wissen wir meist, was wir tun oder lassen sollten: Was du nicht willst, das man dir tu, das füge keinem andern zu. Und was du willst, das man dir tu, das füge auch den andern zu.

Eine große Hilfe für ein konstruktives Umgehen mit schwierigen Situationen und Menschen ist ein realistisches Selbstbild. Wir können uns schlicht fragen: Was erwarten wir von uns? Welche Stärken haben wir? Welche Schwächen kennen wir? Können wir uns zugestehen, dass wir nicht die ganze Welt retten können? Eine Supervisorin gab mir einmal einen entscheidenden Hinweis, als ich ihr schilderte, warum ich bestimmte Aufgaben unmöglich an andere delegieren könne, weil sie sie nicht so gut erledigen wie ich: Was glauben Sie, Frau Wetzel, wie viele Vereine, Einrichtungen und Berufsverbände in Berlin schlechter funktionieren, weil Sie nicht mitarbeiten? Die Botschaft kam an: Ich legte einige »buddhistische« Ämter nieder, kürzte meinen jährlichen Veranstaltungsplan um fünfzehn Prozent und richtete mir drei Monate Rückzugszeiten ohne Termine und spezielle Aufgaben zuhause ein.

Dabei half mir ein gründlicher Blick auf meine Biografie. Ich hatte als ältestes Kind in einem Geschäftshaushalt früh viel Verantwortung übernommen, für jüngere Geschwister und für kleine und größere Aufgaben im Geschäft. Ich tat das gerne, weil ich meine Mutter sehr liebte und sie unterstützen wollte und stolz war, dass ich das konnte. Einsicht in diese starke Neigung, auch über meine Kräfte zu gehen, um Menschen, die ich mag und die mich mögen, beizustehen, half mir, dieses Muster zu unterbrechen. Dazu brauchte ich die Hilfe dieser Supervisorin und die tägliche Meditation.

Regelmäßiges Innehalten, mit und ohne Meditation, hilft uns, jeden Tag unsere aktuelle Verfassung zu spüren, Erwartungen zu überprüfen und notwendige Ruhephasen und Zeiten für anregende Tätigkeiten einzurichten und freizuhalten. Meine Faustregel ist: Vor allem Menschen, die mit Menschen arbeiten, brauchen mindestens zwei Abende, einen Nachmittag und einen Tag in der Woche, die nicht verplant sind. Das sind dann Zeiten der Muße, in denen wir nur das machen, was wir nicht tun müssen, was uns Freude bereitet, uns entspannt und Kraft gibt. Sie müssen selbst herausfinden, was das ist. Und dann die Zeit dafür reservieren. Sie können sich mit dem Gedanken motivieren, dass Sie den anderen dann viel besser helfen können, wenn Sie selbst wach und entspannt, klar und offen sind. Soweit wie möglich.

Wir alle haben Ressourcen, sonst wären wir längst tot. Wenn wir unsere eigenen Ressourcen kennen und stärken, aktivieren wir direkt und indirekt die Ressourcen unserer Mitmenschen, mit denen wir zusammen leben und arbeiten und für die wir professionelle Verantwortung tragen, und zwar ohne uns anzustrengen. Gute Energie steckt an, denn wir heilen und inspirieren in erster Linie mit unserem Sein und nicht mit Methoden.

Wir kommen in Kontakt mit unseren Ressourcen, wenn wir unsere Fähigkeiten und Stärken entdecken und ihnen Raum geben. Wenn wir uns lebendig und kraftvoll fühlen und uns mit Dingen beschäftigen, die uns interessieren, stärken wir unsere Ressourcen. Viele Menschen spüren ihre Kraft und Lebendigkeit beim Tanzen, Singen und Tönen, beim freien Malen und Zeichnen und beim kreativen Arbeiten mit Materialien wie Holz, Ton und Erde.

Innehalten:

Ein guter Zugang zu unseren Ressourcen sind unsere Wünsche. Was will ich in diesem Leben noch erleben, lernen, entdecken? Was ist mir wirklich wichtig? Wir können zehn Dinge notieren, die uns am Herzen liegen, und schauen, welchen Raum sie in unserem Leben haben.

Wenn wir dem, was uns wichtig ist, Raum geben, bilden diese Dinge den roten Faden, der uns zu unseren Ressourcen führt. Denn wir tun immer nur das, was uns wichtig ist, auch wenn das häufig »undercover« geschieht. Wenn wir nicht wirklich wissen, was uns am Herzen liegt, folgen wir unseren eingefahrenen Gewohnheiten und dem, was andere von uns erwarten. Dann neigen wir zu Anpassung und strengen uns zu sehr an. Je mehr wir wissen, was wir selber wollen, desto freier sind wir, und desto eher geben wir dem Raum, was uns am Herzen liegt.

Innehalten:
Wir finden unseren roten Faden leichter, wenn wir auf die kleinen Momente im Alltag achten, in denen wir uns wohlfühlen. Wir achten auf Sternstunden oder vielleicht besser Sternsekunden und auf die Bedingungen, die bei solchen Momenten mitwirken: Sind wir draußen in der Natur oder drinnen? Allein oder mit anderen zusammen? In Ruhe oder in Bewegung? Machen wir etwas Vertrautes oder etwas Ungewohntes? Und wir fragen uns immer wieder, was wir selbst dazu tun können, um solchen Momenten Raum zu geben.

Ein sehr leichter und erprobter Zugang zu unseren Ressourcen sind auch kleine ritualisierte Handlungen, die sich leicht wiederholen lassen: stricken, fegen, basteln, maßvolle Gartenarbeit, kleine Tätigkeiten im Haushalt, malen, kleine Gedichte schreiben. Wenn wir einfache Abläufe, die wir mögen, wiederholen, werden sie zu einem Kanal, in dem unsere Inspiration, unsere Energie frei fließen kann.

Es gibt viele unterschiedliche Zugänge zu unseren Ressourcen. Wir können ausprobieren, was funktioniert, und geben dem Raum. Der Schlüssel zu den Ressourcen ist Innehalten und Aufmerksamkeit. Wir halten inne und achten auf unsere Verfassung, auf Körper, Gefühle und Gedanken. Wie man das systematisch machen kann, zeigt die folgende Grundübung, die Sie mit großem Gewinn regelmäßig für zehn, zwanzig Minuten durchführen können.

Innehalten:
Eine Grundübung
Eine klassische buddhistische Übung ist die Achtsamkeit für vier Bereiche: 1. Für die körperlichen Empfindungen:

Auf den natürlichen Atemrhythmus achten. Den Körper spüren im Sitzen oder Liegen. Die Füße spüren beim langsamen und schnellen Gehen. 2. Für Gefühle und emotionale Muster. 3. Für Grundstimmungen. 4. Für Gedanken. Wir entdecken diese unterschiedlichen inneren Prozesse bei der schlichten Atemmeditation. Wenn wir nämlich bemerken, dass wir mit der Aufmerksamkeit nicht beim Aus- oder Einatmen sind, sondern denken, planen, jammern usw., dann benennen wir das, was wir da bemerken: Mal sind es eher situative Gefühle und emotionale Muster, mal Grundstimmungen und mal Gedanken. Gefühle und Emotionen: Wir ärgern uns über ein Geräusch. Wir denken über eine schwierige Begegnung nach. Wir benennen das dann schlicht mit »unangenehmes Gefühl, Ärger« oder »angenehmes Gefühl, Vorfreude« und kehren zurück zum Atem. Grundstimmungen: Wir sind schon wieder unruhig und machen uns Sorgen. Wir haben keine Lust und fühlen uns träge. Wir wollen dies oder jenes erleben und haben und lehnen dies oder jenes ab. Wir zweifeln an unserer Fähigkeit zu meditieren, gut zu kommunizieren oder eine Beziehung zu pflegen. Das war jetzt eine Aufzählung der fünf klassischen Hindernisse: Unruhe und Sorgen, Trägheit, Habenwollen, Nichthabenwollen, Zweifel. Gedanken: Wir denken an dies und jenes, an Vergangenheit und Zukunft, an alte Geschichten und künftige Probleme. Wir üben uns darin, diese Gedanken zu erkennen und zu benennen, und das hilft uns, ihnen nicht unbesehen zu glauben, sondern sie als Vorschläge, als Gedanken zu erkennen.

Sinn und Zweck dieser Art von Meditation mit dem Atem ist nicht primär die Konzentration auf den Atem, sondern das Bemerken dessen, was alles in uns geschieht, ohne ein Drama daraus zu machen. Wenn wir das regelmäßig, vier oder fünf Mal die Woche für je 10–20 Minuten üben, spüren wir besser, in welcher Verfassung wir sind und was uns umtreibt. Und solche kleinen Übungen können uns den Rücken stärken und die Kraft geben, Phasen der Ruhe und der Inspiration in unser Leben einzubauen.

Wie wir mit uns umgehen, im Alltag und bei der Übung, hat mit unserem Selbstbild zu tun und das wiederum mit unserem Menschenbild. Was und wen sehe ich, wenn ich in den Spiegel schaue? Mit welchen Augen betrachte ich das, was ich sehend wahrnehme?

2. Menschenbilder

»Leben, das Leben will, inmitten von Leben, das leben will«

Luise Reddemann

Fragen wie: »Wer bin ich?« »Wer will ich sein?«, »Warum sind Menschen, wie sie sind?«, »Warum müssen wir sterben?«, »Warum gibt es Böses auf der Welt?«, »Warum Krankheit?«, stellen wir uns wieder und wieder und um Antworten zu erhalten, kann man sich in den Religionen, in den Philosophien und in den Psychologien umschauen. Man kann auch die Soziologie, die Anthropologie und sogar die Biologie bemühen, aber auch die eigenen Erfahrungen, und man kann »ins eigene Herz« schauen.

All diese Vorstellungen können sich auch im Lauf des Lebens beträchtlich wandeln. Und eine weitere Frage könnte sein, warum ändern wir uns eigentlich andauernd? Wäre es nicht günstiger, man bliebe die, die man mit zwanzig war?

Meine Sicht auf mich als junger Mensch und auf die Menschen um mich herum habe ich weiter oben mit dem Goethewort umrissen: »Edel sei der Mensch, hilfreich und gut«. Dieses Menschenbild war auf die Dauer nicht hilfreich für mich, aber zu einem gegeben Zeitpunkt durchaus. Es gab mir Orientierung. Es half mir auch, andere Menschen kennenzulernen, mit denen ich diese Überzeugung, was ein »guter« Mensch sein sollte, teilen konnte. Und wir hatten Freude daran, uns gemeinsam zu engagieren. Dann kamen die 68er Jahre und ich ergänzte mein Menschenbild um die Forderung, dass man gegen bestimmte verkrustete

Strukturen kämpfen sollte und dass alle, die das nicht taten, mir sehr fremd erschienen. Ja, manchmal verachtete ich die anderen, die sich weniger engagierten. Dieses Menschenbild hat mir geholfen, gegen unsägliche Zustände in der Psychiatrie zu kämpfen, und das hat mich wieder mit einer Reihe von Menschen eng verbunden.

Menschenbilder schaffen also eine Grundlage zur Verständigung, aber auch zu Verachtung und Ablehnung. Sie schließen ein, und sie schließen aus. Man fühlt sich mit denen, die das eigene Menschenbild teilen, eher verbunden als mit denen, die ganz andere Menschenbilder haben.

Erst im Lauf meiner Entwicklung als junge Erwachsene erkannte ich, dass es möglicherweise einiges gibt, das uns alle miteinander verbindet, und das mir zunehmend wichtiger wurde als die Unterschiede.

Mein Beruf als Ärztin und später als Psychiaterin und Psychotherapeutin konfrontiert mich mit menschlichem Leid und Leiden, und insbesondere seitdem ich mich mit Traumatisierungen beschäftige, die Menschen Menschen zufügen, sind viele Fragen dazu gekommen. Die vielleicht wichtigste ist die nach dem »Bösen«. Ist der Mensch von Natur aus böse, wie manche meinen? Oder ist er von Natur aus gut und macht ihn die Umwelt böse?

Mit nun bald 70 Jahren habe ich dafür viel weniger eindeutige Antworten als in jungen Jahren, auch diese Erfahrung teile ich mit vielen älteren Menschen. Hier bedeutet älter werden auch, mehr zu relativieren, vielleicht auch skeptischer zu werden in Bezug auf »Gewissheiten«.

Hilfreich empfinde ich die Formulierung von Joachim Bauer: »Ein Mensch, der körperlich attackiert wird, oder einem Mangel bei wichtigen Grundbedürfnissen ausgesetzt ist, erleidet Schmerz und reagiert mit Aggression. Weil das menschliche Gehirn allerdings nicht nur körperliche Angriffe, sondern auch soziale Ausgrenzung und Demütigung wie Schmerz erlebt, reagieren wir auch hier mit Aggression. Die Aggression hat also die Rolle eines sozialen Regulativs.« (Interview in der Berliner Zeitung vom 8.4.2011)

Die Vorstellung, was ein Mensch ist und was er sein könnte, prägt psychotherapeutisches Arbeiten mehr, als manche sich klar machen, die diese Arbeit tun.

Ich habe entdeckt, dass es für mich zwei zentrale Themen gibt, die mich sogar schon als Kind beschäftigt haben: Die Frage nach der Würde des Menschen und die nach Gerechtigkeit. Beide hängen meiner Ansicht nach eng zusammen.

Dazu meint Erich Fromm, eine wichtige soziale Vorbedingung für die Entwicklung der Biophilie sei die Abschaffung der Ungerechtigkeit und dass, solange Menschen ihre Hauptenergie darauf verwenden müssten, ihr Leben gegen Angriffe zu verteidigen, die Liebe zum Leben verkümmern müsse.

»Letzten Endes verstehe ich unter Ungerechtigkeit eine gesellschaftliche Situation, in welcher der Mensch nicht Selbstzweck ist, sondern zum Mittel wird, damit andere ihr Ziel erreichen.« (Fromm: Die Seele des Menschen, 1979)

Das ist fast wörtlich Kant. Er forderte nämlich, man dürfe einen anderen nicht zum Mittel zur Erreichung von Zwecken machen, sondern man müsse ihn als »Zweck an sich« ansehen.

Gleiches sollte, so meine ich, auch für jeden von uns im Umgang mit sich selbst gelten. Wir sollten uns selbst nicht dazu benutzen, bestimmte Zwecke zu erreichen, mit denen wir gegen uns selbst verstoßen und womöglich gegen das, was uns unsere Würde rauben könnte.

In meinem Beruf sehe ich tagein, tagaus Menschen, die sich selbst aufs Schlimmste verletzen. Sie hassen sich selbst, sie verachten sich, von Selbstachtung kann so gut wie nicht die Rede sein. Selbstachtung ist eng mit einem Bewusstsein von Würde verschwistert.

Ich begegne ebenfalls Menschen, die andere verletzen, zum Teil auf das Schändlichste.

Was fordert das von mir?

Jedenfalls, dass ich mich mit meinem Menschenbild auseinandersetze. Kann ich jetzt noch davon überzeugt sein, dass in jedem Menschen ein heiler Kern ist? Will ich an diesem Glauben unbeirrbar festhalten und an der Hoffnung, dass sich Verhalten verändern lässt? Was wäre mein Menschenbild wert, wenn ich das Vertrauen in ein grundsätzliches Heilsein jetzt aufgeben würde?

Der Dalai Lama meint, jeder Mensch besitze gute Eigenschaften, man müsse nur bereit sein, sie zu finden. Unsere negative Sicht auf Menschen beruht auf unserer Wahrnehmung und die hat mit uns selbst zu tun, auch wenn wir gerne glauben möchten, sie sei »objektiv«, also losgelöst von uns selbst.

Auch Menschen, die wir für »schlecht« halten, sind Leben, das leben will.

Was hilft mir dann, die Würde zu achten?

Für mich sind es Mitgefühl und Gerechtigkeitssinn, die mir helfen, nicht aufzugeben. Mitgefühl mit dem Leiden der anderen und ihnen zugefügtem Unrecht. Dann drängen sich in manchen Situationen bestimmte Gedanken auf wie: »Aber dem geht es doch gut, viel zu gut sogar. Ein widerlicher Kerl ist er, der andere Leute ausbeutet, betrügt und was noch alles.« Solches Erleben wird von der Gehirnforschung bestätigt: »Wo das Fairness- und Gerechtigkeitsprinzip massiv verletzt wird, reagiert das menschliche Gehirn mit Ekel und Aggression«, meint Joachim Bauer. Er spricht von »Schmerzgrenze« in seinem Buch, in dem er sich mit den Ursprüngen der Gewalt auseinandersetzt. (Interview mit der Berliner Zeitung vom 8.4.2011)

Und damit bin ich schon wieder bei der Frage nach meinem Menschenbild. Ich denke, dass niemand so ausbeuterisch, betrügerisch usw. auf die Welt kommt. Selbst wenn es entsprechende Gene gäbe – was bis jetzt nicht bewiesen werden konnte –, so braucht es Bedingungen, damit diese Gene ihre Wirkung entfalten können. Das nennt man »Genexpression«. Diese Genexpression passiert nicht einfach so, quasi im luftleeren Raum, sondern nur unter bestimmten Bedingungen. Ich denke, dass Menschen »böse« werden, weil sie Böses erfahren haben.

Hier beziehe ich mich auf einen Ansatz des Psychoanalytikers Arno Gruen, der nicht müde wird, uns zu zeigen, wie verheerend sich früh erfahrene Lieblosigkeiten und der Zwang zur Leistung und zum tüchtigen Funktionieren auswirken.

Ein eindrucksvolles Beispiel findet sich in Heinrich Manns Buch »Der Untertan«. Am Anfang des Buches wird von Heinrich Mann meisterhaft beschrieben, wie der spätere »Untertan« als Kind von seinem Vater gedemütigt und misshandelt wird. Und wie groß seine Angst vor dem Vater ist.

Angst vor den eigenen Eltern ist kein guter Ratgeber, nicht für ein Kind und nicht für Erwachsene. Dem Kind bleibt meist nichts anderes übrig, als sich mit den Vorstellungen der Eltern zu identifizieren, es lehnt sich selbst ab und wird wie die Eltern im Umgang mit sich und anderen. Manche überleben solche Erfahrungen dennoch auf andere Weise, und warum es die einen so und die anderen anders schaffen, ist bis heute nicht vollständig geklärt.

Ein weiteres literarisches Beispiel ist ein heute wenig bekanntes Werk der klassischen Literatur: »Anton Reiser« von Karl Philipp Moritz. Moritz wurde wie Mozart 1756 geboren, er lebte auch nur wenig länger als Mozart und starb im Jahr 1793 an einer Lungenerkrankung. Goethe hat Moritz sehr geschätzt und unterstützt.

Der Roman »Anton Reiser« gilt als autobiographisches Werk. Moritz erzählt von einer alptraumartigen Kindheit und Jugend, die von extremer Vernachlässigung und Gewalt gekennzeichnet war. »Anton Reiser« wird vom Autor selbst als psychologischer Roman bezeichnet, lange vor Freud, der erste Teil erschien 1783. Es ist die Geschichte eines entsetzlich entwürdigten und traumatisierten Kindes und Jugendlichen, das trotz Hunger und größter materieller Not überlebt. Moritz beschreibt die Entwürdigungen und Würdeverluste des Anton Reiser sehr genau und was daraus psychologisch resultiert. Hier ein kleines Beispiel: »Denn die unwürdige Behandlung, der er zuweilen ausgesetzt war, benahm ihm oft einen großen Teil der Achtung gegen sich selbst [...] Wenn er [...] zu Hause kam und sich manchmal verblümterweise musste zu verstehen geben lassen, wie überdrüssig man seiner Gegenwart wäre. Dann saß er stundenlang und getraute sich kaum Atem zu holen – er war dann in einem entsetzlichen Zustand – und hätte in der Welt nichts arbeiten können, denn sein Herz war ihm durch diese Begegnung zerrissen.« Ein Kind, das in seiner Würde nicht geachtet wird, verliert sein Selbstvertrauen, seinen Mut, seine Lernfähigkeit. So kommentiert Moritz die Zurückgezogenheit des Kindes: »Allein man erwog nicht, dass eben dies Betragen, weswegen man ihn zurücksetze, selbst eine Folge von vorhergegangener Zurücksetzung war. – Diese Zurücksetzung [...] hatte den Anfang zu seinem Betragen, und nicht sein Betragen, wie man glaubte, den Anfang zur Zurücksetzung gemacht.

Möchte dies alle Lehrer und Pädagogen aufmerksamer und in ihren Urteilen über die Entwicklung der Charaktere junger Leute behutsamer machen [...] ehe sie es wagten, durch ihr Urteil über das Schicksal eines Menschen zu entscheiden, bei dem es vielleicht nur eines aufmunterndes Blicks bedurfte, um ihn plötzlich umzuschaffen…«

Moritz ist hier ein Anwalt seiner selbst, im Kantschen Sinn um seine Würde ringend, aber auch für jedes Kind, dem nicht seine Würde respektierend begegnet wird. An seinen schlimmen Erfahrungen wächst Moritz und entwickelt sich zum Humanisten – während aus dem Untertan bei Heinrich Mann ein Menschenverächter wird. Moritz hat manche Theorien des 20. Jahrhunderts vorweggenommen, wonach ein Mensch auf eine ihn fördernde Umwelt angewiesen ist, um sein Potenzial voll entfalten zu können. Es gelingt ihm, sich seine Würde zu bewahren und sich für andere Unterdrückte und Versklavte einzusetzen. »Er, der selbst lieblos herumgestoßen wurde, wird zum einsichtigen liebevollen Erzieher; der kein vernünftiges Buch zum Lesen bekam, schreibt ein ABC-Buch voll kindlich gelinder Weisheit […] Er dessen früh zurückgedrängtes Selbstgefühl in quälende Selbstverachtung umschlug, wird zum mitfühlenden Beobachter der seelisch Leidenden, der Gedrückten und Entrechteten, der zum Verbrechen Verleiteten und in den Wahnsinn Verstoßenen. Erfahrungsseelenkunde macht er zur gemeinsamen Aufgabe, und deren Ziel ist Seelenheilkunde.« (Günther in Moritz S. 531)

Bei der Lektüre des »Anton Reiser« erlebe ich, wie gerade die Bewusstmachung der Entwürdigungen und die Sehnsucht nach Würde einen Menschen dazu bringen kann, nicht nur seine Würde zu behalten, sondern sich darüber hinaus für die Würde anderer zu engagieren. Moritz ist ein Beispiel für Empathie, Engagement und Gerechtigkeitssinn. Er beschreibt die Dinge, zieht daraus Schlüsse, ohne dass er eine das Opfer beschuldigende und mit den Tätern identifizierte Theorie entwickeln muss.

Menschen müssen sterben, sind also endlich und verletzlich. Für mich steht Würde daher in einem Zusammenhang mit unserem Umgang mit Tod, Endlichkeit und Verletzlichkeit.

Dieser Gedanke führt mich zu Dietrich Bonhoeffer und erinnert an meine weiter oben geäußerten Überlegungen zum »Ganzsein«. Mein Kollege Ludwig von Dobeneck sagt über Bonhoeffer: »Im Gefängnis, den Tod vor Augen, hat er an sich selber Ohnmacht und Gott-Verlassenheit schmerzlich erfahren.«

Bonhoeffer drückt aus, was ihn aufgrund der Verlassenheitserfahrung existentiell bis zu Suizidgedanken umtreibt und gibt diesen Form. Er muss Stimmungen und Affekte nicht mehr verdrängen. Er muss seine Sehnsucht, sein Begehren nicht mehr niederknüppeln. Denn so hat er es bisher getan, wie er seinem Freund in einem Brief schreibt. Er muss auch nicht mehr an den Widrigkeiten vorbei denken, sondern er hat nach vielen inneren Auseinandersetzungen schließlich auch die bitteren Erfahrungen annehmen können und in dieser »Ergebung« seine Freiheit im Gefängnis gefunden, er kann ihnen ins Auge schauen und auch seine Ohnmacht in der Haft und die Haft selber schließlich annehmen.

Bonhoeffer schreibt am 21.7.1944 an seinen Freund Bethge, »Ich dachte, ich könnte glauben lernen, indem ich selbst so etwas wie ein heiliges Leben zu führen versuchte. Später erfuhr ich und ich erfahre es bis zur Stunde, dass man erst in der vollen Diesseitigkeit des Lebens glauben lernt. Wenn man völlig darauf verzichtet hat, aus sich selbst etwas zu machen – sei es einen Heiligen oder einen bekehrten Sünder oder einen Kirchenmann (eine sogenannte priesterliche Gestalt!), einen Gerechten oder einen Ungerechten, einen Kranken oder einen Gesunden – und dies nenne ich Diesseitigkeit, nämlich in der Fülle der Aufgaben, Fragen, Erfolge und Misserfolge, Erfahrungen und Ratlosigkeiten leben.« (Von Dobeneck: Gottverlassenheit. Vortrag zum 100. Geburtstag Dietrich Bonhoeffers, Dietrich-Bonhoeffer-Kirche, Tübingen, 4.2.2006)

Ich mag mir das immer wieder bewusst machen: Wenn man völlig darauf verzichtet, aus sich selbst etwas zu machen, auch keinen Heiligen, auch keinen bekehrten Sünder, sondern sich dem Leben als Ganzes hingibt, dann findet dieser Mensch Bonhoeffer, den Tod vor Augen zum Glauben. Sein Menschenbild beinhaltet, sich und das Leben in allen Facetten mitfühlend und liebend anzunehmen.

Mir zeigt das Beispiel Bonhoeffers, dass es uns Würde verleiht, wenn wir unsere Sterblichkeit und Verletzlichkeit anerkennen, unsere eigene und die anderer. Die Einsicht in Endlichkeit und Verletzlichkeit hilft, Würde erleben zu können. Die traumatische Situation, in der er sich befand, konfrontierte ihn nicht nur damit, dass er mitten im Leben des Todes war, wie Rilke meinte, sondern, dass er mitten im Tod das Leben liebte mit allem, was menschliches Leben ausmacht, und er dadurch zu einem ganzen Menschen wurde, zu seiner Vollständigkeit fand.

Als Ärztin lernte ich, dass es darum geht, mit den Patienten zu sein und nicht mit ihnen unter allen Umständen etwas machen zu wollen. Wie im Märchen vom Gevatter Tod darf ich als Ärztin selbstverständlich heilsame Kräuter verabreichen – und vieles andere mehr –, aber ich sollte wissen, dass auf eine gewisse Weise all meine Kunst nur geliehen ist. Im Märchen ist der Arzt nur deshalb groß, weil der Tod ihm das heilsame Kraut gibt, und er verliert in dem Moment, wo er größer sein will als der Tod, wo er versucht, den Tod auszutricksen.

Der Tod im Märchen verweist nach meinem Verständnis

auf das im Menschen, das uns hineinwachsen lässt in andere Wirklichkeiten. Das uns erzählt: Du bist Teil von etwas Größerem. Mit diesem Größeren in Einklang zu sein, macht uns stark. Aber wie im Märchen der Arzt, möchten wir lieber mit unserem Wissen und Können groß sein und nichts spüren müssen von einer wie auch immer gearteten Abhängigkeit.

Im Märchen erlischt das Lebenslicht des Arztes, als er über den Tod bestimmen will. Viele Male habe ich erfahren, dass meine Kräfte schwinden, wenn ich mich gegen »das Größere« auflehne. In der Fachsprache nennen wir das dann Burn-out oder sekundäre Traumatisierung. Wir sind müde, ausgebrannt, ohne den Funken der Begeisterung, ohne Freude an unseren Patientinnen und Patienten. Sekundär traumatisiert beginnen wir, nichts mehr vom Leiden wissen zu wollen oder beinahe Tag und Nacht an all das Schlimme zu denken, was uns im Beruf begegnet. Zwei Seiten einer Medaille.

Dürfen wir Ärzte und Ärztinnen entscheiden, was für den anderen Menschen richtig ist – so hatte ich das einmal gelernt, und es holte mich immer wieder ein – oder geht es um etwas anderes? Um Vertrauen in Selbstregulation, in Salutogenese, in Resilienz, in Wissen, was gebraucht wird, von denen, die es brauchen und auch, was nicht gebraucht wird? Um Respekt also vor der Autonomie der anderen und, wir erinnern uns, an deren selbst gesetzte Zwecke?

Ich bin mir nicht sicher, wer mehr Angst hat, der schwerkranke Mensch oder die Begleiterinnen oder Begleiter. Wir sind oft gefangen in Rollenvorstellungen, ja Verpflichtungen diesen Rollen gegenüber. Mitgefühl, das so wichtig für eine auf Würde bedachte Begegnung ist, entsteht nicht aus Mitleid, sondern aus einer vorübergehenden Identifikation und einer darauf folgenden Distanzierung.

Das von der Schulmedizin geprägte Handeln möchte

Ergebnisse, Verbesserungen. Das ist keineswegs falsch, aber es ist nicht alles.

Handeln, wenn es ein Machen wird, ist stets in der Gefahr, Würde zu verletzen. Auch Diagnosen können Würde verletzend sein, da sie einen Menschen daran hindern können, sich als Zweck seiner selbst zu erleben; er kann sich als entmündigt und entwürdigt erleben.

Wenn Sie das durchdenken, merken Sie sicher, dass Würde als Grundlage des Menschenbildes und im Kantschen Licht betrachtet eine große Herausforderung ist. Es gibt heute einen Trend in der wissenschaftlich begründeten Medizin und Psychotherapie und anderen Bereichen, in denen es um Hilfesuchende geht, alles, was nicht im eben genannten Sinn »Evidenz basiert« ist, abzuwerten und diesem die Anerkennung und letztlich auch die Finanzierung zu entziehen.

Was bedeutet das für die Würde der Hilfesuchenden? Ihr Mitbestimmungsrecht, ihre Zweifel an einer Behandlung, ihre Ablehnung bestimmter Behandlungen, wenn ihre Individualität und Autonomie nicht mehr gefragt sind?

Innehalten:
Was fällt Ihnen zum Helfen und Würde ein? Sind Sie immer schnell dabei, etwas für andere zu tun oder zu wissen? Können Sie abwarten und den anderen Menschen entscheiden lassen, selbst wenn Sie anderer Meinung sind? Wie fühlen Sie sich dabei? Wird für Sie erkennbar, dass Würde und Gerechtigkeit auch mit Toleranz zu tun haben?

Zu meinem Menschenbild gehört, dass Menschen leben wollen und lebendig sein wollen. Würde setzt daher Achtung vor allem Leben und allem Lebendigen voraus.

Dazu möchte ich an Albert Schweitzer erinnern:

Er beschreibt Ehrfurcht als eine Herausforderung an unser Denken und Fühlen und als deren Motor, wenn er sagt, »ich bin Leben, das leben will, inmitten von Leben, das leben will.«

> **Innehalten:**
> Erinnern Sie sich an Momente in Ihrem Leben, in denen Sie sich ganz und ganz bei sich erlebt haben, wo Sie sich lebendig fühlten? Was hat einen dieser Momente ausgezeichnet? Wollen Sie ihn sich noch einmal ganz genau ins Bewusstsein rufen? Wie geht es Ihnen, wenn Sie das tun?

Menschen brauchen Gerechtigkeit, um sich wohlzufühlen. Menschenwürde braucht daher Unrechtsbewusstsein und Gerechtigkeitssinn.

Mithilfe der Erkenntnis über eigene Größe – bei Bonhoeffer Christusähnlichkeit, im Buddhismus Buddhanatur, alltäglich betrachtet im Wissen um Stärken und Ressourcen – kann auch Schwäche bejaht werden.

Wir wissen es lange: Kinder brauchen den Glanz im Auge der Mutter, damit sie ihre Grenzen akzeptieren lernen können.

Ungerechtigkeit könnte psychologisch betrachtet daraus entstehen, dass wir unsere eigene Schwäche nicht akzeptieren, sie auf andere projizieren und uns dann berechtigt fühlen, sie dort zu bekämpfen, indem wir andere verachten, klein machen, benachteiligen usw. Patriarchale Strukturen funktionieren seit Jahrtausenden auf diese Weise. In einer gerechten Welt herrscht Geschwisterlichkeit.

Innehalten:
Wie gehen Sie mit Ihren Schwächen um? Können Sie neben den Schwächen auch Ihre Stärken erkennen? Merken Sie manchmal, dass in der Schwäche auch Stärke liegt?
Wie begegnen Sie Menschen, die offensichtlich schwach sind? Macht Ihnen das Angst? Möchten Sie die Menschen aufrütteln? Können Sie die Schwäche anderer gelassen hinnehmen? Und um der Gerechtigkeit willen sich dafür einsetzen, dass niemand benachteiligt wird?
Erinnern Sie sich an Momente, in denen Sie »geschwisterlich« mit einem anderen umgegangen sind? Wie fühlen Sie sich, wenn Sie sich daran erinnern?

Wir wissen, dass es in der Psychotherapie für Patientinnen und Patienten häufig eine der wichtigsten Aufgaben ist, dass sie sich selbst ihre Würde zurückgeben und sich damit ihres Selbstwertes und ihrer Autonomie bewusst und diese zu verteidigen bereit werden. Es ist wichtig, dass sie sich vom Hass derer, die ihnen geschadet haben, befreien – von diesem Hass, den sie in ihr eigenes Selbst integriert haben.

Innehalten:
Können Sie sich meist mit Selbstachtung begegnen? So, als wären Sie Ihre beste Freundin/Ihr bester Freund? Erinnern Sie sich an einen Moment, wo Sie achtsam und liebevoll mit sich waren, obwohl Sie schwach waren? Wie haben Sie das gemacht? Wie wäre es, wenn Sie sich in Zukunft häufiger an diese Fähigkeit erinnern würden?

Zu meinem Menschenbild gehört auch noch, dass wir frei sein wollen und frei sind, uns für oder gegen Dinge zu entscheiden. Moritz entschied sich trotz extrem belasteter Kindheit zur Liebe zum Leben.

In der Psychotherapie sprechen wir eher von Autonomie und dass die Würde wiederum mit Autonomie verbunden ist. Menschen fühlen sich entwürdigt, wenn man ihnen autonomes Handeln verwehrt.

Die Ablehnung dessen, was man in patriarchalen Kulturen dem Weiblichen zuschreibt, hat über die Jahrhunderte mit dazu beigetragen, dass wir uns immer noch schwer tun mit dem Begriff der Würde und mit der Achtung, die wir diesem Menschenrecht entgegenbringen. Diese Ablehnung bezieht sich immer auf das Schwache, also auch auf Kinder und Kindliches. Damit sind wir bald bei einem nächsten Thema, den Sehnsüchten und Ängsten des Kindes in uns.

Aus dem Bisherigen ergibt sich, dass wir viel Vertrauen ins Leben brauchen, und ich glaube, das wird einem nicht ein ganzes Leben nur geschenkt, auch wenn es einfacher ist, das Leben und die Menschen zu lieben, wenn man selbst als Kind geliebt wurde.

Meine psychotherapeutische Sicht ist die, dass wir gut daran tun, Bereiche in uns zu pflegen und zu hüten, die uns helfen zu vertrauen.

Ich nenne das gerne die innere Weisheit. Mit ihr kann man, wenn man will, regelmäßigen Kontakt pflegen. In meinem Buch »Eine Reise von tausend Meilen beginnt mit dem ersten Schritt« habe ich den Kontakt zur inneren Weisheit beschrieben. Ich gebe das hier wieder:

Innehalten:
Stellen Sie sich vor, dass Sie spazieren gehen. Sie gehen ohne festen Plan. Da entdecken Sie einen wunderschönen Garten. Sie fühlen sich regelrecht eingeladen, dort einzutreten und entdecken ein offenes Tor oder ein Törchen. Sie gehen hinein und entdecken den schönsten Garten, den Sie sich vorstellen können. Sie erfreuen sich an der Schönheit dieses Gartens, den bunten Blumen, dem Gesang der Vögel, dem Duft. Sie nehmen sich Zeit, diesen Garten in aller Ruhe zu erkunden. Schließlich entdecken Sie ein Haus inmitten des Gartens. Sie sind neugierig, wer es bewohnt. Und Sie entdecken, dass dort ein ganz, ganz alter Mensch lebt, der viel Güte und Weisheit ausstrahlt. Sie fühlen sich eingeladen, ihn zu besuchen und mit ihm zu sprechen.

Vielleicht begegnen Sie aber auch statt des uralten Menschen einem Kind. Es strahlt auf eine ganz besondere Weise, und Sie wissen, dass dies ein weises Kind ist, manche nennen es das göttliche Kind.

Vielleicht entdecken Sie auch eine Gestalt, die ganz anders aussieht, aber ebenfalls diese besondere Ausstrahlung von Güte und Weisheit hat.

Wie auch immer: Diese Gestalt steht für Ihre innere Weisheit. Sie hat sie erwartet und freut sich, dass Sie endlich gekommen sind. Sie wird Ihnen, wann immer Sie sie besuchen, gerne zur Seite stehen, aber sie wird sich nicht aufdrängen. Sie müssen Sie einladen. (Das ist die Bedingung, die nur Sie schaffen können.)

Vertrauen in mich und andere

Sylvia Wetzel

Im Augenblick der Liebe scheint das wahre Wesen auf.
Tibetisch

Wie wir mit uns selbst, mit Nachbarn und Kolleginnen, mit Freundinnen und Angehörigen umgehen, hat viel mit unserem Menschenbild zu tun. Wo kommen wir her? Wo gehen wir hin? Was können Menschen sein und werden? Was sind unsere Grenzen und Möglichkeiten?

Innehalten:
Was für ein Mensch möchte ich sein? Welches Menschenbild inspiriert mich, wenn ich an mich selbst denke? Unterscheidet es sich von dem Bild, das ich von meinen Mitmenschen habe: von meinen engsten Angehörigen, von Freunden und Nachbarn? Welches Bild steht hinter meiner Einschätzung von Klientinnen und Patienten, Kolleginnen und Mitarbeitern im eigenen Team und im beruflichen Umfeld? Was halte ich für meine Stärken? Was sind meine Schwächen? Was hat das mit meiner Ursprungsfamilie und meinem Geschlecht, mit meinen Erfahrungen mit Schule und Ausbildung zu tun? Was hat meine augenblickliche Einschätzung, mein aktuelles Selbstbild mit meiner gesundheitlichen Verfassung und meinem Alter zu tun?

Innehalten:
Was wünsche ich mir an Entwicklung in den nächsten fünf, zehn, zwanzig Jahren? Was halte ich für möglich? Und was traue ich mir an Entwicklung in den nächsten ein, zwei Jahren zu?

Innehalten:

Wir können an eine Nachbarin denken, die wir schon lange kennen oder an eine Klientin, deren Betreuung oder Behandlung abgeschlossen ist und uns fragen: Welche Stärken und Schwächen habe ich bei ihr gesehen, als ich sie kennen lernte und welche Entwicklungen waren möglich? Was hatte das mit meiner anfänglichen Einschätzung und mit meinem allgemeinen Menschenbild zu tun? Wir können dieselben Fragen im Hinblick auf Angehörige oder eine Freundin stellen, die Antworten notieren und auf Gemeinsamkeiten und Unterschiede in der Selbsteinschätzung und der Einschätzung unserer Mitmenschen achten.

Der Buddhismus geht davon aus, dass alle Menschen erwachen und vollständige Erleuchtung erlangen können. Im Kontext der Reinkarnation wird auch gesagt, dass sogar alle Tiere und auch nichtmenschlichen Wesen erwachen können, allerdings erst dann, wenn sie einmal Menschen geworden sind.

Was ist mit Erwachen gemeint und wie begründen die buddhistischen Lehren diese optimistische Sicht von den Möglichkeiten der Menschen? Alle Wesen können erwachen, weil sie wahrnehmen können. Die Tiefendimension der Wahrnehmung wird Natur des Geistes oder Buddha-Natur genannt. Wir finden Zugang zu dieser Dimension in Momenten, in denen wir offen, klar und feinfühlig sind. Wenn wir die Natur des Geistes entdecken und darauf vertrauen, sind wir erwacht. Dann, so heißt es, manifestiert sich diese tiefe Einsicht in unseren Gefühlen: als Freundlichkeit oder Güte, als Mitgefühl, Freude und Mitfreude und als Gleichmut oder heitere Gelassenheit.

Wir können die Tiefendimension des Geistes entdecken,

wenn wir immer bewusster darüber werden, was wir denken und fühlen, sagen, wollen und tun. Mein wichtigster tibetischer Lehrer, Lama Thubten Yeshe, hat das so auf den Punkt gebracht: Buddhismus zu üben, bedeutet zu verstehen lernen, wie wir auf der relativen Ebene funktionieren und was unser wahres Wesen ist. Anders ausgedrückt, wir lernen verstehen, wie wir »ticken«, und wir entdecken den lebendigen Raum, in dem das geschieht: die Natur des Geistes. Was das genau bedeutet, möchte ich anhand der Übung der Achtsamkeit zeigen.

Mit der Grundübung der Achtsamkeit können wir vier Bereiche erforschen. Wir können Körperempfindungen, Gefühle und emotionale Reaktionen oder Muster, Grundstimmungen und Gedanken bemerken. Wenn wir sie bemerken, ist das ein erster Schritt heraus aus der vollständigen Identifikation mit ihnen. Wir nehmen eine schöpferische Distanz zu den inneren Prozessen ein, oder in der Sprache des Buddhismus: Wir entdecken den Raum zwischen den Gedanken und Gefühlen.

Durch regelmäßige Meditation fällt es uns immer leichter, die Perspektive zu wechseln. Statt uns vollständig mit der jeweiligen Perspektive der Körperempfindungen, Gefühle, Gedanken und Meinungen zu identifizieren, nehmen wir die Beobachterperspektive ein. Jedes Mal wenn wir das tun, entspannt sich unser ganzes System: körperlich, emotional, geistig. Wir nehmen sozusagen Ferien vom Alltags-Ich, von allen Rollen, von unseren widersprüchlichen Selbstbildern.

Alle Menschen können lernen, diese Perspektive einzunehmen. In westlichen Begriffen: Als homo sapiens sapiens sind wir alle potenziell in der Lage, uns unserer selbst bewusst zu werden. Diese Fähigkeit nennt der Buddhismus Achtsamkeit. Wir können also die inneren Prozesse achtsam wahrnehmen und dann die Perspektive der Achtsamkeit einnehmen. Denn Achtsamkeit, so könnte man sagen, ist der Zipfel Buddha-Natur in unseren Händen.

Innehalten:
Wenn wir einmal gelernt haben, die Perspektive zu wechseln, können wir uns auch in schwierigen Situationen kurz fragen: Wer nimmt das wahr? Oder in einer sehr provokativen Variante der Frage: Wie weiß ich, dass ich wütend oder traurig bin? Diese Frage führt uns zu unserer Grundübung der Achtsamkeit: Wir untersuchen den Ärger oder die Trauer unter vier Aspekten: Körper, Gefühle, Stimmungen und Gedanken. Wir wissen, dass jede Analyse ein Problem in kleine Portionen aufteilt, und die sind leichter zu handhaben als »mein dickes Problem«.

Innehalten:
Eine weitere Frage, die uns hilft, den Perspektivenwechsel zur Achtsamkeit hin zu vollziehen: Ist das, was die Wut (Trauer, Angst) bemerkt, auch wütend (traurig, ängstlich)? Diese Frage wirkt dann spannungslösend auf unsere Aufregung, wenn wir durch regelmäßiges Meditieren das Gefühl der wachen Präsenz kennen und ein gewisses Maß an Vertrauen in die raumhafte Wahrnehmung entwickelt haben.

Der Buddhismus hat ein sehr positives Menschenbild: Alle Wesen können erwachen. Damit wir tatsächlich auch erwachen, brauchen wir eine starke Motivation, regelmäßige Übung und eine gute Begleitung auf diesem Weg. Ich bin aber überzeugt, wenn wir auch nur ein bisschen Vertrauen in unsere eigene Entwicklungsfähigkeit haben, können wir unsere Mitmenschen mit diesem Vertrauen anstecken.

Was ist die Natur des Geistes? Was ist unser wahres Wesen? Das ist für mich zunächst ein pädagogischer Begriff.

Es gibt kein wahres Wesen, das wir irgendwo finden könnten. Wenn wir vom lebendigen Raum sprechen, in dem alle Erfahrungen geschehen, dann ist das eine Metapher. Wenn wir eine Metapher verstehen, hat sie uns schon verwandelt. Wenn wir die Metapher des lebendigen Raums verstehen, dann haben wir schon die Perspektive gewechselt. Wir nehmen schon die Beobachter-Perspektive ein. Wir beobachten unsere Erfahrungen.

Die große Frage ist: Wer beobachtet? Der Beobachter oder das Zeugenbewusstsein ist keine Person und keine Instanz, das ist für den Buddhismus einfach eine Fähigkeit, die man durch Introspektion, durch Innenschau, durch Meditation entdecken kann. Je nachdem, wo wir stehen, trägt sie unterschiedliche Namen: Achtsamkeit, Zeugenbewusstsein, Buddha-Natur oder Natur des Geistes. Wir finden Zugang zu dieser Dimension, wenn wir uns immer wieder fragen: Wer beobachtet? Diese Frage unterstützt den Perspektivenwechsel von der Identifikation mit den Erfahrungen zur gelassenen Beobachtung dessen, was geschieht. Das gibt uns die Freiheit, unsere Erfahrungen zu überprüfen und uns vielleicht für ein konstruktiveres Verhalten zu entscheiden.

Ein weiterer Zugang ist eine Annäherung über drei Begriffe, die zur Beschreibung der Natur des Geistes verwendet werden. Es heißt in manchen Lehren, die Natur des Geistes sei offen, klar und feinfühlig. Aber genau genommen stimmt diese Aussage nicht, denn nur Menschen können offen, klar und feinfühlig sein. Wenn wir offen, klar und feinfühlig sind, können wir Zugang finden zur Natur des Geistes. Offenheit weist auf die Unfassbarkeit jeder Erfahrung hin, ein Fachbegriff dafür ist auch: leer von Selbstexistenz oder einfach Leerheit. Wir können die Natur des Geistes mit Worten und Begriffen nicht fassen, und wir können sie auch nicht zum Objekt machen. Wir können sie nicht anschauen oder untersuchen. Wir können uns der Unfassbarkeit in Momenten der Offenheit aber inne werden. Wir können verstehen, dass die Tiefendimension jeder Erfahrung unfassbar ist. Wir verstehen, dass unser Wissen und Begreifen Grenzen hat.

Der Begriff Klarheit weist auf unsere Fähigkeit hin, Erfahrungen zu machen, denn Leerheit oder Offenheit bedeutet nicht Nichts oder die Abwesenheit von Erfahrungen. Wir machen ständig Erfahrungen, auch wenn sie letztlich unfassbar sind. Und der dritte Begriff, Feinfühligkeit, ist ein Hinweis darauf, dass uns jede Erfahrung berührt, angeht. Mit jeder Erfahrungen beziehen wir uns auf uns oder andere und auf die Welt, ob wir sie mögen, ablehnen oder ihr gleichgültig gegenüberstehen.

Innehalten:
Wir können unsere Offenheit, Klarheit und Feinfühligkeit in einfachen Erfahrungen entdecken, im Öffnen, Spüren und Erkennen. Wenn wir Tee trinken oder einen Baum anschauen, dann *öffnen* wir uns für die Erfahrung mit allen Sinnen. Wir lehnen nichts ab. Dann *spüren* wir alles, was wir spüren können: Gefühle, Gedanken und Körperempfindungen. Und schließlich *erkennen* wir, was wir erkennen können: Der Tee schmeckt bitter, samtig, kräftig. Der Baum blüht, er ist kräftig, alt und knorrig. Wir können uns kleineren Schmerzen öffnen und Erfahrungen der Freude, der Trauer, des Alleinseins. Immer wieder. Mit dieser Übung lernen wir jede Erfahrung als Weg in die Tiefendimension des Geistes, zur Buddha-Natur nutzen.

Ein direkter Weg ins Herz der Wirklichkeit, der Königsweg zu einem positiven Menschenbild ist Freude. Die buddhistische Tradition unterscheidet unterschiedliche Arten des Glücks. Die buddhistische Nonne Ayya Khema hat sie zu vier Ebenen des Glücks zusammengefasst. *Erstens* Sinnesfreuden, *zweitens* positive Gefühle wie Liebe oder Zuneigung, Mitgefühl, Freude und heitere Gelassenheit, *drittens* die Freude der Sammlung und *viertens* die Freude der Einsicht. Jedesmal wenn wir uns freuen, können wir verstehen, dass Freude in uns geschieht. Es gibt äußere Aufhänger und Auslöser, aber wir können uns nur freuen, weil wir dazu fähig sind. Interessanterweise sind die beiden Verben für Wohlbefinden und Abneigung reflexiv: Ich freue mich, ich ärgere mich. Die Sprache drückt hier eine tiefe Einsicht aus. Freude wird im tantrischen Buddhismus als direkter Ausdruck des Kontaktes mit Buddha-Natur interpretiert. »Im Augenblick der Liebe scheint das wahre Wesen auf«, lehrt der dritte Karmapa, ein tibetischer Meister des 14. Jahrhunderts.

Wir können immer wieder auf kleine Momente der Freude und des Wohlbefindens achten und auf die Bedingungen, die sie fördern. Diese Übung nenne ich »Sternstunden«. Wir können so feststellen, welche Bedingungen eher Sinnesfreuden ermöglichen, wann sich unser Herz öffnet, und sei es nur für Sekunden, und wann wir Zuneigung empfinden. Wir achten auf Tätigkeiten, bei denen uns Sammlung leicht fällt und wir mit dem Herzen bei der Sache sind. Und schließlich entdecken wir die Freude der Einsicht, wenn wir immer häufiger zur Kenntnis nehmen, wie Erfahrungen im Zusammenspiel mit bestimmten Bedingungen entstehen. Je genauer wir die Bedingungen für Freude erkennen, desto eher könnten wir gezielt Situationen aufsuchen und schaffen, in denen wir uns freuen. Und jeder Augenblick der Freude öffnet einen Raum, ohne Sorgen. Es ist ein Moment der Freiheit von eingefahrenen Strukturen und Mustern.

Je leichter es uns fällt, uns zu freuen, desto eher können wir andere damit anstecken und ihnen den Weg zur Freude in ihrem Leben zeigen. Wir können andere mit unserer guten Energie anstecken. Wir können sie natürlich auch mit Ärger, Neid und Jammern anstecken, aber das machen wir in der Regel nicht mit Absicht. Vertrauen ist eine Fähigkeit, die alle Menschen haben, meint der Buddhismus. Dass Vertrauen durch schwierige Bedingungen in der Kindheit gestört werden kann, wissen wir inzwischen. Aber jede Psychotherapie beruht auf der Annahme, dass Vertrauen zu sich selbst und anderen in einem bestimmten Maß gefördert werden kann. Ich übersetze den Begriff Buddha-Natur manchmal mit Urvertrauen, denn dieser Begriff ist inzwischen in die Umgangssprache eingegangen. Und er ist sehr positiv besetzt.

Der Buddhismus geht davon aus, dass alle Wesen erwachen können, weil sie Buddha-Natur besitzen, weil Wahrnehmung, Geist oder Psyche eine Tiefendimension haben, die offen, klar und feinfühlig ist. Er geht weiterhin davon aus, dass Buddha-Natur nicht zerstört, nur verdeckt werden kann. Sie kann verdeckt werden durch Gewohnheiten, Ansichten und emotionale Muster und durch ein übertriebenes Gefühl der Getrenntheit. Das nennt das Mahayana dualistische Sicht.

Ähnlich wie die Ansätze in der Entwicklungspsychologie und Psychotherapie geht der Buddhismus davon aus, dass wir dann Vertrauen in unsere eigenen Kräfte entwickeln, wenn wir genügend Vertrauen in andere haben. So funktioniert das Modell der Zuflucht zu Buddha, Dharma und Sangha. Durch Vertrauen in die äußeren Buddhas machen wir uns auf die Suche nach Buddha-Natur in uns. Durch Vertrauen in Dharma, in Lehren und Übungen, gehen wir den Weg der Übung und entdecken dann tatsächlich die offene, klare und feinfühlige Natur des Geistes in uns und damit auch in anderen. Und durch Zuflucht zu Sangha, zu menschlichen Vorbildern, die ihre Tiefendimension entdeckt haben und mit ihrer bedingten Existenz gut umgehen können, werden wir immer wieder ermutigt, den Weg weiter zu gehen, auch wenn es schwierig wird.

Wir brauchen also Menschen, die die relative Natur des Geistes erforscht haben und daher wissen, »wie sie ticken«, und die Vertrauen zur Tiefendimension, zum lebendigen Raum, in dem alles geschieht, haben. Solche Menschen können uns begleiten, und ihre Hauptaufgabe besteht darin, uns Mut zu machen, wenn wir unser Vertrauen verlieren und uns zu ernüchtern, wenn wir abheben und uns überschätzen und überfordern.

Innehalten:

Wir können das Modell der Zuflucht auf unseren Alltag übertragen und uns fragen: Wozu nehme ich Zuflucht, worauf verlasse ich mich, wenn das Leben schwierig wird, wenn ich Konflikte habe, wenn die Dinge nicht so laufen, wie ich es gerne hätte, ich unter Druck stehe oder an allem zweifle? Welche Vision einer Lösung schwebt mir dann vor? Das entspricht der Zuflucht zu Buddha. Denke ich dann an Erwachen, an Einsicht und Mitgefühl mit mir und anderen? Oder glaube ich eher, es müsste eben alles anders sein als es ist?

Auf welche Ansichten, Methoden und Wege stütze ich mich dabei? Was tue ich konkret? Wie gehe ich mit dem Problem um? Das entspricht der Zuflucht zum Dharma. Bin ich bereit, den eigenen Anteil zu erkennen und meine Erwartungen zu überprüfen? Frage ich mich, wie alt ich gerade bin, und bemühe ich mich darum, nicht in der Kinder- oder strengen Elternperspektive zu bleiben, sondern die erwachsene Perspektive einzunehmen? Oder

schaue ich doch lieber weg, versinke vor dem Fernseher, trinke, esse und rauche, ignoriere das Problem, weise jemandem die Schuld zu, jammere und klage oder verliere ich mich in Geschäftigkeit, bloß um nichts spüren zu müssen?
Zu welchen Menschen nehme ich Zuflucht? Zu denen, die mir helfen, meine Sicht zu erweitern, eine andere, umfassendere Perspektive einzunehmen und die mich auch liebevoll kritisieren? Oder lieber zu denen, die mir nach dem Mund reden und meine Empörung oder Verzweiflung, meinen Ärger und Kummer rechtfertigen und mit klugen oder dummen Argumenten objektivieren?
Wir können uns die gleichen Fragen im Hinblick auf Kollegen und Mitarbeiterinnen, Freundinnen und Angehörige, Studentinnen oder Schüler, Klientinnen oder Patienten stellen. Wir fragen uns schlicht, worauf sie wohl vertrauen, wenn sie in Schwierigkeiten stecken, welche Methoden sie anwenden und wem sie vertrauen.

Jetzt möchte ich noch auf einige Fallen hinweisen, in die hoch motivierte Menschen mit großen Visionen sehr leicht geraten. Eine buddhistische Faustregel lautet: Täuschungen führen zu Enttäuschungen. Anders formuliert: Hinter jeder Enttäuschung steckt eine Täuschung. Wenn wir uns über uns oder andere, über Institutionen und politische Verhältnisse ärgern, dann hat das nach diesem Ansatz mit unseren Erwartungen zu tun. Das bedeutet nicht, dass man das Verhalten von Menschen und die Politik von Institutionen nicht kritisieren sollte. Die Selbstverantwortung der Bürgerinnen und Bürger ist ein Merkmal aller freien Gesellschaften, und wir sind aufgerufen, die gemeinsame Welt zum Wohle aller zu gestalten.

Nein, es geht nicht darum, Kritik zu vermeiden und diese Welt für die beste aller Welten zu halten. Es geht allerdings darum, wie wir mit kritischen Gedanken umgehen. Oft stecken darin sehr kindliche Erwartungen. Viele Menschen glauben, dass der Staat und die Klinik, das Gesundheitswesen und die Mitarbeiter und Kollegen immer gerecht, fair und vernünftig, großzügig, effektiv usw. sein sollten. Zumindest scheinen wir das zu denken, wenn wir uns mal wieder darüber aufregen, dass sie nicht so sind.

Wir können an unseren Visionen einer gerechten und fairen Gesellschaft, von empathischem und respektvollem Verhalten festhalten, aber wir sollten uns immer wieder klarmachen, dass das eine Vision ist und noch keine Realität. Wir können zur Verwirklichung unserer Visionen beitragen, wenn wir sie in kleinen Schritten im eigenen Leben umsetzen und anderen vorleben. Veränderung läuft über Ansteckung, nicht über missmutige Kritik und Vorhaltungen.

Schöne Visionen und kluge Gedanken zaubern keine schöne neue heile Welt herbei. Sie können uns zu einem neuen Verhalten inspirieren, und das hat dann vielleicht auch Auswirkungen auf andere. Wir müssen aber aufpassen, dass wir uns mit schönen Visionen nicht unter Druck setzen. Ich schätze die These, dass alle Wesen Buddha-Natur haben, sehr, aber ich nehme mit Bedauern zur Kenntnis, dass mir diese Vorstellung bei manchen Menschen sehr schwer fällt. Mich dafür zu verurteilen, nützt weder mir noch dem Objekt meiner Empörung oder Kritik. Ich kann diese Sicht nur immer wieder ausprobieren und mich an kleinen Erfolgserlebnissen freuen. Wenn wir momentane Schwierigkeiten auf ewig hochrechen, verzweifeln wir nur, fühlen uns ohnmächtig und werden wütend.

Eine sehr amüsante Methode, mit schwierigen Situationen umzugehen, ist die Frage: Wie kann ich das Problem verschärfen? Wenn wir das zusammen mit anderen einmal für zehn, fünfzehn Minuten machen, wird der Kopf frei, wir können andere Perspektiven einnehmen und meist fallen uns auch Faktoren ein, die wir tatsächlich verändern können.

Auch wenn wir im Prinzip und im Allgemeinen uns und andere schätzen und die Menschenwürde und die Menschenrechte als hohes Gut sehen, erleben wir immer wieder Ablehnung, sei es gegen uns oder gegen andere. Und Ablehnung bezieht sich immer auf das Schwache, auf Kinder und auf Kindliches. Damit sind wir bei einem weiteren wichtigen Thema, den Sehnsüchten und Ängsten des Kindes in uns.

3. Festhalten und Loslassen: Sehnsüchte und Ängste

Frühe Prägungen und wie wir sie überwinden können

Luise Reddemann

Arno Gruen meint: »Ein Kind ist nicht in der Lage, sich gegen die drohende Kälte elterlicher Autorität zur Wehr zu setzen. Da die Eltern seine Gefühle und Bedürfnisse als wertlos einstufen, lernt es, sich für sein Eigenes zu schämen. So bringen Eltern das Kind dazu, sich für etwas schuldig zu fühlen, was sie selbst bedroht. Das Ergebnis ist ein tief in der Persönlichkeit verankerter Selbstwertverlust. Die Unterdrückung des Eigenen löst Hass und auch Aggressionen aus, die sich aber nicht gegen den Unterdrücker richten dürfen, sondern an andere Opfer weitergegeben werden. Typisch für diese Entwicklung ist immer, dass das eigene Opfersein verleugnet wird. Denn der eigene Schmerz und das eigene Leid waren ja einmal Bestandteil dessen, was uns wertlos machte.« (Arno Gruen, Der Fremde in uns, S. 39)

Das hieße, das Anderssein des Kindes wird geleugnet, Eltern nehmen ihre Verantwortung nicht wahr, leugnen den Ruf des Kindes, dessen Lebendigkeit nicht zu töten. Später wird dieses Kind nicht nur sich selbst nicht mehr achten, sondern auch andere missachten. Ähnliches kann auch in jeder Art zwischenmenschlicher Beziehung geschehen.

Mein Menschenbild beinhaltet daher Behutsamkeit im Umgang miteinander. Wenn ich behutsam bin, kann ich eher erfassen, dass ich dabei bin, die Lebendigkeit des anderen zu untergraben.

In unserer Kultur kommt so gut wie niemand »ungeschoren« davon. Fast jedes Kind erfährt Verletzungen durch wichtige andere, oft geschieht das nicht einmal aus böser Absicht, teilweise allerdings doch. Wie auch immer die Verletzungen aussehen und welche Folgen sie auch immer haben, wir haben die Wahl, uns davon ein ganzes Leben einengen zu lassen oder uns mit uns selbst in einen zärtlichen und liebevollen Kontakt zu bringen, so dass unsere kindlichen Anteile nachholen können, was sie nicht bekommen haben.

Eine Patientin erzählt, wie sie von der Mutter beschimpft und bestraft wurde, als sie als kleines Mädchen nicht so »schön« schrieb, wie das von ihr erwartet wurde. Dabei hatte dieses kleine Mädchen so viel Freude daran, das Schreiben zu erlernen, aber der Leistungsdruck der Mutter verleidete ihr die Freude am Lernen.

Ich lade die Patientin ein, sich das kleine Mädchen vorzustellen, sie will ihm sagen, dass es o.k. ist, wenn man nicht alles sofort kann und dass sie weiß, wie schrecklich es für das Kind war, dass die Mutter so reagierte. Sie versteht den Schmerz des Kindes und nimmt es in der Vorstellung tröstend in den Arm. Jetzt kann das Kind weinen, erzählt sie mir, und das tue ihr gut.

Die Vorstellung, dass in uns alles weiterlebt, was wir je waren und dass dies – unter anderem – zu einer großen inneren Vielfalt aber auch Widersprüchlichkeit führen kann, hat sich inzwischen weit verbreitet. Eine ganze Reihe von psychotherapeutischen Richtungen arbeitet daher mit dem Konzept des »inneren Kindes« oder »kindlicher Anteile«. Mir sind vor allem die verletzten inneren Anteile wichtig, aber auch die, die voller Ressourcen, Freude und Kraft sind.

Ich habe vielfach erlebt, dass es für Menschen, mit denen

ich arbeite, einen großen Gewinn darstellt, sich ihren »jüngeren Ichs«, ein weiterer Begriff, der häufig verwendet wird, zuzuwenden.

Man kann sich Ressourcen, die man früher hatte, dadurch wieder verfügbarer machen, und man kann die Anteile, die immer noch auf Trost und Versorgung warten, in der Vorstellung versorgen.

Es ist nicht so, dass man diese Vorstellungen »glauben« muss. Es handelt sich um ein für viele Menschen hilfreiches Konzept, aber keine Wahrheit. Es gibt natürlich kein »inneres Kind« in dem Sinn wie es sichtbar und wahrnehmbar Teile des Körpers gibt. Inzwischen sind sich aber viele darin einig, dass die Vorstellung eines »Ich« unserer inneren Verfasstheit nicht gerecht wird und dass die Vorstellung von vielen Ichs in einem Selbst psychologisch oft stimmiger ist.

Innehalten:

Machen Sie sich einige Stärken von heute bewusst. Stellen Sie sich dann bitte vor, Ihr jüngeres Ich aus der Pubertät säße neben Ihnen. Erzählen Sie ihm von Ihren Stärken und fragen Sie es, ob es diese Stärken auch kennt.

Sie können dann bemerken, dass es einen Unterschied macht, ob Sie einen inneren Dialog mit Ihrem Pubertäts-Ich führen oder ob Sie sich selbst fragen, welche Stärken hatte ich damals. Beim Dialog erleben Sie zwei verschiedene Energien und wenn Sie vielleicht sogar mit Ihrem »inneren Team« sprechen, das wären in diesem Fall dann viele jüngere Ichs (s. Reddemann 2001), dann würden Sie feststellen, dass Sie es mit einem inneren Chor zu tun haben, der sehr vielstimmig sein kann.

Ich arbeite seit etwa zwanzig Jahren mit dem Konzept der jüngeren Ichs und habe erfahren, dass viele Menschen davon profitiert haben.

Man kann damit sehr weit zurückgehen, z.B. auch schon zu dem von der Umgebung ausgebremsten Kleinkind, von dem Eltern alle möglichen Leistungen fordern und das gar nicht mehr spürt, was es möchte. In diesem Fall kann es helfen, die körperlichen Reaktionen genau in den Blick zu nehmen.

Innehalten:
Welche Impulse spüre ich in mir, die ich immer gleich unterdrücke? Wie wäre es, wenn ich in Betracht ziehe, dass da ein altes Muster abläuft? Habe ich eine Vorstellung davon, wie das für ein kleines Kind sein muss, wenn dauernd eingegriffen wird, tu dies, lasse jenes? Was braucht dieses Kind, das diese Erfahrung gemacht hat? Vielleicht könnte ich ihm sagen, dass ich weiß, dass es traurig und mutlos ist, weil es so vieles, das es gerne ausprobieren möchte, nicht darf. Danach könnte ich es auf eine riesengroße, ganz und gar sichere Spielwiese oder einen sicheren Abenteuerspielplatz einladen und dort darf es toben und ausprobieren, so viel es will. Vielleicht möchten Sie sogar das eine oder andere konkret umsetzen, z.B. in einen Kletterwald gehen.

Dieses Beispiel mag genügen, um Ihnen das Prinzip zu verdeutlichen: Es ist wichtig, dass wir unseren jüngeren Ichs gegenüber bedingungslos akzeptierend sind. Nur so können die alten Verletzungen, Einengungen und Gebote ihre Macht verlieren. Es nützt nichts, wenn wir uns selbst wieder längst bekannte Predigten halten und zur Disziplin auffordern. Es geht um die Würdigung aller Gefühle, auch der schmerzlichen und dann darum, eine neue Situation zu imaginieren. Vorstellungskraft ist Zauberkraft! In der Hypnotherapie spricht man davon, dass es nie zu spät ist, eine glückliche Kindheit zu haben. Ich denke, dass es nie zu spät ist, sich in der Vorstellung eine neue glücklichere Kindheit zu erlauben und all das in der Vorstellung nachzuholen, was wir damals gebraucht hätten. Daraus erwächst dann auch noch verändertes Handeln.

Die Vorstellungskraft ist ein machtvolles Instrument, das uns jederzeit zur Verfügung steht, wenn wir wollen. Damals waren wir hilflos, heute liegt es bei uns, wie wir uns unsere innere Welt gestalten, selbst wenn wir die äußere nur bedingt beeinflussen können.

Es geht also nicht nur ums nach vorne Schauen, sondern es geht darum, die Vergangenheit anzuerkennen, auch die damit zusammenhängenden Schmerzen und dann in der Gegenwart innen (!) eine neue Situation zu erschaffen, die dann wiederum den Weg bereitet dafür, dass wir auch im Außen Neues wagen.

Das gehört für mich auch zur Übernahme von Verantwortung für mich und mein Leben: Ich kenne meine Vergangenheit und ich kann innen immer, außen manchmal, meine Gegenwart neu gestalten. Die Veränderung innerer Gegebenheiten ist häufig die Voraussetzung dafür, dass wir Kraft finden, auch im Außen etwas zu verändern.

Dazu brauchen wir im eigenen Inneren eine liebevolle, ermutigende und das Leben und unsere Lebendigkeit liebende Haltung. Daraus kann dann mutiges, engagiertes Handeln erwachsen.

Innehalten:
Hier erhebt sich die Frage nach dem Bild, das ich von mir selbst habe. Wer will ich sein? Wer will ich werden? Wer will ich auf gar keinen Fall sein?

Veränderungen und das innere Kind

Sylvia Wetzel

Suche dir die Erklärungen, die dir helfen, das Beste aus deiner Situation zu machen.

Wie wir mit uns und anderen, mit Angehörigen und Nachbarn und mit Kolleginnen und Klienten umgehen, hat viel zu tun mit unserer Einstellung zu Veränderungen. Unsere persönlichen Beziehungen und die Arbeitsbedingungen verändern sich: Wir müssen neue Bereiche übernehmen und alte abgeben, finanzielle Ressourcen werden neu verteilt, angenehme und unangenehme Kolleginnen kommen und gehen.

Wie reagieren wir als Erwachsene auf diese Veränderungen? Wie kommt das kleine Kind in uns damit zurecht? Was sind unsere Sehnsüchte und Hoffnungen, wo gibt es Ängste und Grenzen? Wie unterscheiden sich die Bedürfnisse und Möglichkeiten des »inneren« Kindes und der Erwachsenen?

Innehalten:

Wie sieht unser Leben derzeit aus? Was ist gut? Was ist gut und scheint beständig? Wie reagiere ich auf das Schöne in meinem Leben? Mit Freude und Dankbarkeit? Mit dem Wunsch nach mehr, nach mehr Stabilität? Mit Festhalten und Ängsten, weil wir irgendwie das Gefühl haben, wir haben das nicht verdient? Oder weil wir uns Sorgen machen, dass es nicht dauern kann?

Welche guten Bedingungen verändern sich und »wollen gehen«? Welche guten Umstände neigen sich gerade dem Ende zu? Will eine gute Kollegin kündigen? Zieht ein mehr oder weniger erwachsenes Kind aus? Wie gehe ich

damit um, wenn Aufhänger für Freude, Sicherheit, Wohlbefinden aus meinem Leben verschwinden? Können wir das annehmen und uns darüber freuen, dass es immerhin für eine ganze Weile zu unserem Leben gehörte? Halten wir das für ein Zeichen, dass ab jetzt alles schwieriger wird? Wehren wir uns? Werden wir unsicher und irritiert?
Welche Umstände sind derzeit schwierig? Privat, beruflich, im sozialen Umfeld und im Freundeskreis? Was ist schwierig und geht gerade von alleine, ohne unser Zutun? Was will nicht gehen: Routinearbeiten, Sorgen, alte Verpflichtungen? Wie reagiere ich auf die schwierigen Umstände, die nicht gehen wollen? Mit Verdrängen und Ignorieren, mit Jammern, Klagen, Schuldzuweisungen? Fühle ich mich als Opfer widriger Umstände: alle sind gegen mich und warum gerade ich?

Wie interpretiere ich schwierige Umstände? Eine Empfehlung des Buddha aus den Lehren zum Geistestraining und zur Herzensschulung (tib. *lojong*) lautet sinngemäß: Suche dir die Erklärung, die dich inspiriert, das Beste aus deiner Situation zu machen. Der Buddha rät uns also, unsere Umstände klug zu interpretieren, denn was sie wirklich und wahrhaftig bedeuten, weiß niemand. Das Leben ist zu komplex für einfache kausale und finale Erklärungen, die uns die objektiven Ursachen und Zwecke unserer Erfahrungen nahebringen wollen. Sie klingen zwar manchmal tröstlich, aber sie stimmen nie. Daher können wir uns gleich die Erklärungen aussuchen, die uns inspirieren. Der Rahmen dafür ist für den Buddhismus die Ethik, die wir unter dem Namen Goldene Regel kennen und die seit zweieinhalbtausend Jahren, seit der Achsenzeit, zum Schatz der Menschheit gehört, von China bis Griechenland, von Indien bis zum Nahen Osten.

Die tibetische Tradition bringt es so auf den Punkt: Du kannst entweder einfach vor dich hin leiden oder leiden und etwas daraus lernen. Ich persönlich lerne lieber etwas aus meinen Schwierigkeiten. Ich kann mich fragen: Was will und kann ich aus diesem Konflikt, aus dieser Krankheit, aus diesem Verlust lernen? Geduld ist meist ein Volltreffer, aber auch Einsicht, wie Leiden entsteht: aus unrealistischen Erwartungen, aus Überforderung, aus Angst und Unsicherheit, aus dem unreflektierten Ausleben von aufgewühlten Emotionen.

Auch Mitgefühl mit Menschen, die am gleichen Problem oder an ähnlichen Schwierigkeiten leiden, ist eine wunderbare Fähigkeit, die wir in schwierigen Zeiten leichter entwickeln als in guten Zeiten. Selbst aus Gewalterfahrungen können wir lernen, dass das Ausagieren von Aggressionen und Unsicherheit Leiden schafft. Das bedeutet nicht, dass wir nicht alles tun, was wir von unserer Seite her tun können, damit es weniger Gewalt in unserem Umfeld gibt und gewalttätige Menschen erkannt und vielleicht therapiert oder anderweitig gut betreut werden. Wir können uns auch – friedlich und klug – dafür einsetzen, dass strukturelle Gewalt, die mit sozialen und politischen Bedingungen einhergeht, abgebaut wird.

Wir können natürlich auch nach einer objektiven Erklärung für unsere Schwierigkeiten suchen, aber diese Suche bleibt fruchtlos, denn keine Theorie wird uns zufriedenstellen, wenn wir sie nicht am eigenen Leben nachprüfen können. Und das können wir nur, wenn wir etwas ausprobieren, was zu unserem Leben passt und bei unseren Möglichkeiten ansetzt.

Wir können das Leben in vier große Phasen einteilen: Kindheit, Jugend, Erwachsensein, Alter oder Reife. In jeder Phase haben wir bestimmte Stärken und Schwächen. In einem gelungenen Entwicklungsprozess kommen die Stärken zum Tragen und die Schwächen richten keinen allzu großen Schaden an. Oder wir lernen die Stärken hinter den Schwächen zu entdecken, wenn wir uns gut kennen und bereit und fähig sind, die Rückmeldung anderer zu verarbeiten. Die Übergänge zwischen den einzelnen Lebensphasen sind in der Regel Krisenzeiten. Alte Einstellungen müssen gehen, und neue Einstellungen und Verhaltensweisen bilden sich nur langsam heraus.

Wenn es keine kollektiven Rituale mehr gibt, die uns solche Übergänge erklären und uns dabei begleiten, sind sie oft schwierig. Wir können uns mit anderen zusammentun und eigene Rituale erfinden, die das Ende der Kindheit und der Jugend feiern und auch den Übergang zum Alter als positiv werten. Ich habe mit einem fünfzehnjährigen Mädchen und ihren Eltern und wichtigen Frauen ihres Lebens ein Ritual entwickelt, in dem die Eltern ihre Tochter in das Erwachsenenleben entließen und wir fünf erwachsenen Frauen, die sie sich selbst ausgesucht hatte, sie im Kreis der Frauen aufnahmen. (Herz des Lotos, 2010, S. 214)

Ich möchte jetzt das psychologische Modell der drei Ich-Instanzen von Thomas Harris vorstellen und es buddhistisch interpretieren. Es ist mir eine große Hilfe, das verletzte Kind in mir und in Menschen, die ich auf dem meditativen Weg begleite, zu erkennen, zu trösten und zu beschützen.

Thomas Harris hat 1967 ein Buch geschrieben, das heute, nach fast fünfzig Auflagen auf Deutsch, immer noch Menschen auf ihrem Weg zur seelischen Gesundheit inspiriert: »Ich bin o.k., du bist o.k.« Wenn man das nicht als bloßen Spruch nimmt, um jedes noch so dumme Verhalten zu rechtfertigen, sondern als Hilfe, die eigene Perspektive auf die Welt immer wieder zu klären, dann kann uns das stärken und Mut machen, selbstverantwortlich mit unseren Erfahrungen umzugehen.

Harris bezieht sich in seiner Arbeit auf Eric Berne und unterscheidet drei Perspektiven: Kindheits-Ich, Eltern-Ich, Erwachsenen-Ich. Er betont, dass selbst emotional schwierige Zehnjährige das Prinzip verstehen und durch die Unterscheidung der drei Ich-Perspektiven lernen, ihre Emotionen zu regulieren und so Spannungen abbauen und sich sozialer und vernünftiger verhalten können. Ich verwende das Modell für mich selbst und in der Begleitung von Menschen auf dem spirituellen Weg, und bislang konnten alle das Prinzip verstehen und damit selbständig arbeiten.

Harris unterscheidet drei Perspektiven – Kind, Eltern, Erwachsener. Er verwendet den Begriff Ich für alle drei Perspektiven. Damit wir nicht denken, das beziehe sich auf stabile, feste, auffindbare Ich-Instanzen, verwende ich soweit sprachlich sinnvoll den Begriff Perspektive.

Die drei Perspektiven basieren auf unterschiedlichen Haltungen, die unterschiedliche Menschen unserer Zeit typischerweise als kleine Kinder zu sich und anderen einnehmen. Die Grundhaltung vieler Menschen unserer Zeit ist nach Harris die Haltung »ich bin nicht o.k.« bzw.« ich bin nur o.k., wenn«. Das hat mit vielen auch kulturellen Faktoren zu tun. Sicher auch mit der Erfahrung der Hilflosigkeit kleiner Kinder und mit den Minderwertigkeitsgefühlen und der allgemeinen Unsicherheit vieler Eltern.

Der Vollständigkeit halber nenne ich hier alle vier Haltungen, die Harris beschreibt, auch wenn ich nur auf zwei näher eingehe. *Erstens:* Ich bin nicht o.k., weil ich unvollkommen und abhängig bin, aber du bist o.k. Wenn die Eltern als gut angesehen werden, kann das Kind eine einigermaßen positive Identität aufbauen, es neigt aber zeit seines

Lebens zur Anpassung und zum Leistungsdenken, und es will und muss sich ständig beweisen. Es lebt nach der Devise: Ich bin o.k., wenn ich mich anpasse. *Zweitens:* Ich bin nicht o.k., und du bist auch nicht o.k. Das führt zu Verzweiflung und Depression, denn die Grundhaltung ist: Die Welt ist schlecht. *Drittens:* Ich bin o.k., aber du bist nicht o.k. Dann gerät dieser Mensch vielleicht auf die schiefe Bahn und wird kriminell, denn die Welt ist ja schlecht und die Mitmenschen auch. *Viertens:* Ich bin o.k., und du bist o.k. Für diese vierte Haltung müssen wir uns bewusst entscheiden. Sie gibt uns die Kraft, selbständig zu werden und eine erwachsene Perspektive einzunehmen.

Die vier Haltungen beziehen sich auf die klassische Unterscheidung von: neurotisch, psychotisch, psychopathologisch und gesund. Harris betont, dass die Mehrheit der Menschen in westlichen Gesellschaften zur ersten Haltung neigen und zwar in der Variante: »Ich bin nur o.k., wenn ...«

Jede Perspektive – Kind, Eltern, Erwachsene – ist mit einer bestimmten Haltung verbunden. Wenn wir erkennen, dass wir denken: »Ich bin nur o.k., wenn ... , können wir uns für die vierte Haltung entscheiden: »Ich bin o.k., du bist o.k.«. Harris empfiehlt, uns für die Haltung »ich bin o.k., du bist o.k.« zu entscheiden, und zwar immer wieder. Wir können uns in der Meditation mit dieser Einstellung vertraut machen und dabei buddhistische Aussagen über die uns allen angeborene Buddha-Natur heranziehen. Diese Haltung fällt uns nicht in den Schoß, wir müssen uns darum bemühen.

Es nützt nichts, wenn wir unsere Eltern dafür verurteilen, dass sie uns nicht zu dieser positiven Haltung erzogen haben. In der Variante »ich bin o.k., wenn... », passen wir uns an die Normen der Eltern und der Gesellschaft an und leben nach dem Motto: »Ich bin o.k., wenn ich viel leiste und viel Geld verdiene, anderen immer helfe, freundlich und fleißig bin, unauffällig, besonders usw.«, je nachdem, welche Werte die Eltern vertreten haben. Wir können diese Haltung erkennen und etwas anderes ausprobieren.

> **Innehalten:**
> Wenn wir aufgeregt sind oder unter Druck stehen, fragen wir uns: Wer spricht? In allen unklaren Situation können wir uns fragen: Wer will meditieren, üben, arbeiten, streiten, Kurse besuchen, aufräumen, studieren, ausspannen, mehr oder weniger arbeiten? Eine einfache Zusatzfrage klärt die Situation meist sehr schnell: wie alt bin ich gerade? Wer spricht, wenn ich etwas tun oder nicht tun will, wenn ich etwas haben oder nicht haben will, wenn ich etwas ablehne oder toll finde?

Die Kinder-Perspektive hat mehrere Aspekte: a. Die eher positiven Seiten sind: spontan, neugierig, zuversichtlich. Das Kind will spielen und Neues ausprobieren. b. Die eher anstrengenden oder negativen Seiten sind: rücksichtslos, hoch emotional. Es will hier und jetzt sofort alles haben. c. Und schließlich das verletzte Kind: es fühlt sich verlassen, ist eher ängstlich, mutlos oder verzweifelt. Es vergleicht sich mit anderen, will brav sein und Mamas Liebling, mit der Haltung: Guck mal, was ich alles kann!

Die Eltern-Perspektive hat auch unterschiedliche Schwerpunkte: a. Strenge: Mach dich nützlich. Kümmere dich gefälligst selbst darum. Stimmt das auch? Ist das genug? Reiß dich zusammen! Lern was! Tu was! Das ist nicht genug! b. Die positive Seite ist die Fähigkeit, Vertrauen zu den eigenen Werten zu vermitteln, die als Halt gebend erfahren wurden. Eltern haben oft die Fähigkeit, Sitten und Bräuche zu bewahren, die Familie und Gruppen zusammenzuhalten usw.

Die erwachsene Perspektive ist das, was wir anstreben. Mit der Perspektive wissen wir: O.k., das Leben ist gemischt, und ich tue mein Bestes. Ich kümmere mich um Leib und Seele und um meine innere Balance. Ich moderiere zwischen Kindheits- und Eltern-Perspektive. Ich weiß, ich habe Stärken und Schwächen. Ich mache jetzt eine Pause. Ich kann nicht alles regeln. Ich bin nicht perfekt, und das ist auch in Ordnung so.

Allein die Fragen – Wer spricht? Wer hat Angst? Wie alt bin ich gerade? – lösen bei mir sofort Spannung auf. Denn die jeweilige Frage richtet die Aufmerksamkeit auf die naive Identifikation mit der Eltern- oder Kind-Perspektive und hilft sie aufzulösen. Die jeweilige Perspektive ist leicht zu erkennen, und dann lockert sich die Identifikation. Durch die Frage entsteht eine schöpferische Distanz zur Situation, zu der ganzen Aufregung, und wir können wieder durchatmen.

Für mich ist dieser Ansatz einerseits eine gute Umsetzung der buddhistischen Grundhaltung: Erkenne deine Ansichten, Meinungen, Erwartungen und überprüfe sie. Und andererseits fördern die buddhistischen Übungen der Achtsamkeit die Erwachsenen-Perspektive, sie helfen uns beim Erwachsenwerden.

Mit diesem Modell kann man auch unangemessene Haltungen zur buddhistischen und anderen spirituellen Übungen gut erkennen und davon Abstand nehmen lernen. Viele Menschen üben nämlich mit einer Kinder-Perspektive: Sie wollen die gute Meditierende sein, am besten die Lieblingsschülerin, und sie hängen gerne am Rockzipfel der Meditationslehrerin. Andere passen sich in vorauseilendem Gehorsam an und üben unter der Fuchtel der strengen Mama oder des fordernden Vaters. Sie übersehen und übergehen eigene Bedürfnisse und überfordern sich. Es gibt natürlich auch die pubertäre Variante der Übenden, die meinen, sie müssten jeden Tag das Rad neu erfinden. Sie können Vorschläge nur schwer annehmen und haben wenig Vertrauen.

Nach meiner Erfahrung funktioniert Meditationspraxis nur dann, wenn wir eine erwachsene Haltung einnehmen, die inneren Kinderstimmen erkennen und uns um sie kümmern und die strengen Elternstimmen hören und freundlich aushebeln. Wir verstehen auch viele Übungen im Spiegel dieses Modells besser. Als Beispiel möchte ich die beliebte und bekannte buddhistische Metta-Praxis interpretieren.

Metta bedeutet Freundlichkeit, oft wird es mit Liebe oder Liebe und Güte übersetzt, das suggeriert aber eine intensive emotionale Beziehung und genau das ist nicht damit gemeint. Es geht um Freundlichkeit für uns und andere. Sinn und Zweck dieser Übung werden deutlich, wenn wir sie mit Harris' Modell erklären: Wir nehmen die erwachsene Perspektive ein und üben Liebe und Mitgefühl für das verletzte Kind in uns. Viele fragen sich nämlich, wie das funktioniert, wenn *ich* für *mich* Liebe und Mitgefühl üben soll. Einige sagen, sie können das einfach nicht. Mit Harris' Modell erkennen sie dann vielleicht, dass sie das aus der Kinder-Perspektive oder aus der Haltung der strengen Eltern versucht haben, und das klappt natürlich nicht.

Die meisten Meditationsübungen funktionieren am besten, wenn das neugierige Kind viel Raum hat und nur sanft von den Erwachsenen beaufsichtigt wird. Bei der Meditation stört die Eltern-Perspektive in der Regel mit ihrer Strenge und Besserwisserei. Wenn wir mit der Haltung »ich bin nur o.k., wenn …« meditieren, strengen wir uns zu sehr an und versuchen einen Deal mit den inneren Eltern abzuschließen. Die freundliche und unterstützende Eltern-Perspektive kann unser Vertrauen stärken, aber in der Regel reicht dafür die Erwachsenen-Perspektive.

Falls Sie sich im Buddhismus etwas auskennen, ein Tipp: Die sechs Paramitas der Bodhisattvas sind zugleich auch die Kernkompetenzen einer erwachsenen Haltung: Großzügigkeit, Ethik, Geduld, Freude am heilsamen Tun, Freude und Ausdauer, Sammlung und Einsicht, vor allem Einsicht in die eigenen Erwartungen und Ängste und in die Grenzen des Verstehens.

Ein letzter Hinweis: Wir können die Balance von Arbeit und Muße, von Ernst und Spiel, von Herz und Verstand besser verstehen und finden, wenn wir uns das mit dem Bild der drei Perspektiven verdeutlichen: Wer will arbeiten, spielen und verstehen? Das Kind, die Eltern oder die Erwachsene? Man darf weder den Kindern noch den Eltern das Leben überlassen, denn wir brauchen beides: Arbeit und Muße, Herz und Verstand, Spiel und Ernst. Das rechte Maß findet nur die Erwachsene.

Selbst der Philosoph der Pflicht, Immanuel Kant, rät zu Spiel und Zerstreuung, wenn man viel gearbeitet und viel gedacht hat. Besonders Menschen, die viel denken und planen, brauchen Phasen, in denen das innere Kind spielen darf, denn sonst verlieren sie die Fähigkeit zu denken, meint Kant, und das wäre wirklich schade.

Meine Lebenserfahrung sagt mir: Je rationaler und strukturierter unser beruflicher Alltag ist, desto mehr spielerische Freiräume brauchen wir, damit wir merken, wie es uns geht. Wir brauchen Phasen, in denen wir die Seele baumeln lassen, Raum für kreatives und nonverbales Tun haben und uns mit anderen Menschen einfach zu Hause und geborgen fühlen. Sie fördern das Gefühl der Ganzheit und das tiefe Vertrauen, das wir brauchen, wenn sich in Krisenzeiten vertraute Strukturen auflösen und wir gefordert sind, neue Wege zu suchen und zu finden.

Zum Erwachsensein gehört ein realistisches Selbstbild. Was für ein Bild habe ich von mir? Wer will ich sein? Wer will ich werden? Wer will ich auf gar keinen Fall sein? Diesen Fragen wollen wir im nächsten Kapitel nachgehen.

4. Selbstbilder – Mangelidentität und Selbstvertrauen

Selbstanteile willkommen heißen

Luise Reddemann

Selbstbilder, in denen wir uns als ideale Wesen imaginieren, sind nicht falsch, sie können sogar dabei helfen, sich auf wichtige Ziele zu zu bewegen. Vielleicht hätte ich viel weniger Freude an meinem Medizinstudium gehabt und es nicht durchgehalten, wenn ich nicht dieses ideale Selbst angestrebt hätte. Die Philosophin Susan Neiman spricht in ihrem Buch »Moralische Klarheit« von einem »Leitfaden für erwachsene Idealisten«. Es ist ihr wichtig hervorzuheben, dass wir Ideale für ein gutes Leben brauchen. Von psychologischer Seite wird diese Annahme durch die Forschungen der »Positiven Psychologie« unterstützt.

In der Regel haben Menschen mehr als ein Selbstbild, manche sind bewusster als andere, die weniger oder gar nicht bewussten sind manchmal noch machtvoller.

Moderne Frauen z. B. haben meist ein bewusstes Selbstbild, wonach sie beruflich viel erreichen und eine Familie haben wollen. Haben sie die Familie, d. h. kommt ein Kind, kommt aber ein ganz anderes Selbstbild zum Vorschein, nämlich das der guten (deutschen) Mutter, und das heißt, du sollst nicht berufstätig sein, sondern eine liebende, treu sorgende Mutter, die möglichst immer für ihr Kind verfügbar ist, wenigstens so lange, bis es drei Jahre alt ist. Mir liegt es fern zu behaupten, dass dieses Selbstbild für eine

Frau falsch ist, tatsächlich ist es aber häufig ein durch die Umgebung, durch das Kollektiv, vermitteltes. Und so kann es auch umgekehrt aussehen: Elisabeth Badinter zum Beispiel warnt die französischen Frauen davor, zu werden wie die deutschen; eine gute Französin zu sein, heißt für sie, bald nach der Geburt wieder zu arbeiten und das Kind in eine Krippe zu geben. Wenn nun eine Frau das Bedürfnis hätte, und dies entspräche ihrem ureigensten Selbstbild, beim Kind zu bleiben, so würde sie in diesem Fall vielleicht dem ihr nicht entsprechenden Selbstbild folgen und doch arbeiten.

Innehalten:
Aus meiner Sicht als Psychotherapeutin sollten wir herauszufinden versuchen, was unsere ureigenen Bilder von uns selbst sind. Wer möchte ich sein, wenn ich mein Herz frage? Wer, wenn ich meinen Verstand frage? Wer, wenn es nach meinen Eltern ginge? Wer, wenn die Gesellschaft bestimmen würde, wie in Orwells Buch »1984« usw.

Es ist heute häufig üblich, Berufsentscheidungen danach zu treffen, welche Berufe »viel Geld« einbringen. Als ich 1962 mit dem Medizinstudium begann, gab es noch viele Studentinnen und Studenten, die den Beruf ergreifen wollten, »um anderen Menschen zu helfen«. Da würde man heute als »Gutmensch« verschrien, während die Vorstellung, diesen Beruf zu wählen, um gut Geld zu verdienen, wenig Protest auslösen würde (wobei diese Hoffnung sich heute nicht mehr erfüllt). Ein Selbstbild, ich will viel Geld verdienen, würde heute vielen als ganz zu ihnen stimmig erscheinen.

An diesem Beispiel lässt sich zeigen, dass das mehr oder weniger vollständige Ausblenden von Sorge und Mitgefühl für andere, also des uns vermutlich angeborenen Verbundenheitserlebens, auch selbstschädigend sein kann. Sinnlosigkeitserleben und Leere können die Folge solchen Denkens sein und das deutet auf einen »Verrat am Selbst« hin.

Der Verrat am Selbst ist nach Arno Gruen eine Folge der Identifikation mit den wichtigen Bezugspersonen der Kindheit. Haben diese Härte und Gewinnstreben an oberste Stelle gesetzt, wird das Kind früher oder später versuchen, so zu denken wie sie, insbesondere dann, wenn es Beschämung und Ablehnung für seinen Altruismus erfährt. Wie viele kleine Kinder möchten kein Fleisch essen, weil sie sich in das Leiden der Tiere einfühlen und wie viele von ihnen werden auf die eine oder andere Weise bedrängt und vergessen nach und nach, was ihnen einmal wichtig war. Ihr Mitgefühl mit der leidenden Kreatur bleibt auf der Strecke und ebenso ihr Mitgefühl für sich selbst.

Gerald Hüther weist auf die Notwendigkeit hin, dass wir Verantwortung für unsere inneren Bilder übernehmen. Er spricht von der Macht der inneren Bilder. Wie wir uns selbst und andere sehen, hat Wirkung. Auf uns und auf die anderen. Man kann sagen, jedes innere Bild, jede Vorstellung hat Wirkung, denn diese Vorstellungen beeinflussen unser Handeln und auch unsere Gefühle. Insoweit ist es nicht gleichgültig, welche Selbst- (und Menschen)bilder wir auf uns wirken lassen und wählen.

Viele Menschen, mit denen ich arbeite, finden es hilfreich, Bilder zur Verfügung zu haben, die ihnen vermitteln, dass sie mehr sind als ihre Leiden, dass in ihnen ein heiler Kern ist, der strahlt wie ein Diamant, dass sie über Buddha-Natur verfügen, Ebenbilder des Göttlichen sind, usw.

Vielen hilft auch die Vorstellung, dass sie wie ein Haus sind mit vielen Zimmern, ein Bild, das in ähnlicher Weise schon der persische Dichter Rumi verwendet hat, der vom Selbst als einem Gasthaus spricht. Dort kommen und gehen Gäste (Selbstanteile), die alle willkommen geheißen werden.

Ein anderes Bild könnte die Überschrift tragen: »Wie viele bin ich?« Die Vorstellung, dass wir ein einziges durchgängiges Ganzes sind, wird heute von vielen infrage gestellt. Ich denke, dass das eine Ich durchaus ein brauchbares Konzept sein kann, aber es ist eben keine absolute Wahrheit. Viele Menschen empfinden sich als wie aus vielen verschiedenen Ichs zusammengesetzt. Das kann einem unheimlich werden, man kann es aber auch als eine Umschreibung großen inneren Reichtums betrachten. So empfinde ich z.B. Friedemann Schultz von Thuns Konzept des inneren Teams als äußerst anregend. Ich selbst habe ein anderes Inneres-Team-Konzept entwickelt, das davon ausgeht, dass in uns viele verschiedene jüngere und potenziell ältere Ichs existieren, die ebenfalls so etwas wie ein Team bilden oder besser ein gut funktionierendes Team bilden sollten, damit wir unser volles Potenzial entfalten können. »Ich bin viele« kann also wie ein Willkommenheißen der verschiedenen Anteile sein und eine Einladung an uns selbst, uns mit unseren vielfältigen Anteilen wahrzunehmen.

Innehalten:
Wer wohnt in Ihrem inneren Haus? Wen heißen Sie willkommen, wen würden Sie am liebsten verbannen? Können Sie sich vorstellen, allen, die in Ihrem Haus wohnen, ein schönes Zimmer einzurichten und ihnen so einen angenehmen Aufenthalt zu ermöglichen?
Das Selbstbild, ich bin ein Ich, hat Auswirkungen auf uns, ebenso wie das Bild, ich bin viele. Prüfen Sie für sich, was Ihnen angenehmer ist und ob Ihnen dieses Selbstbild hilft, sich ausgeglichener zu fühlen.

Ob wir es gut mit uns selbst aushalten, hat auch viel damit zu tun, ob wir uns als Mangelwesen verstehen oder ob wir Vertrauen in uns selbst haben.

Albert Camus hat 1944 ein Theaterstück geschrieben mit dem Titel »Le Malentendu«, das Missverständnis. Es ist ein schmerzhaft düsteres Stück, das zeigt, was geschieht, wenn Menschen sich als Mangelwesen definieren. Die Geschichte erzählt von einer Mutter und einer Tochter, die unglücklich über ihre Lebensumstände sind und deshalb »ans Meer« wollen. Dazu fehlen ihnen aber die Mittel, so dass sie, die eine kleine Pension führen, alle Gäste umbringen, die Geld haben. Nun kommt ein Gast, der reich erscheint. Es soll der letzte sein, den sie töten wollen, vor allem die Mutter scheint Gewissensbisse zu haben. Der Gast aber ist ihr Sohn und damit auch der Bruder der Tochter. Das Verhängnis nimmt seinen Lauf wie in einer griechischen Tragödie, da der Mann sich nicht zu erkennen gibt und die Frauen ihn auch nicht erkennen. Viele Hinweise werden von den Frauen ignoriert, und der Mann wagt nicht, sich als der zu zeigen, der er ist.

Die Mangelidentität hat viele Gesichter und geschichtliche Hintergründe. Eine ist, dass die Tochter sich von der Mutter weniger geliebt fühlte und die Mutter einräumt, die Liebe zu einem Sohn sei »etwas anderes«. Das ist ein »Riesenthema« im Patriarchat, nicht nur bei Camus. Die Mutter gibt die Ablehnung, die sie erfahren hat, an die Tochter weiter, von der sie andererseits bedingungslose Unterstützung und Verständnis fordert.

Bei Camus ist auch die Armseligkeit bedeutsam, in der Mutter und Tochter leben. Der Sohn und Bruder kommt, um zu helfen, aber er scheut sich zu sagen, wer er ist. Ich denke, es geht uns im übertragenen Sinn oft so. Wir halten uns für so armselig und unsere Umstände auch, dass wir uns immer bedürftiger und wertlos zugleich fühlen und dadurch in anderen nicht mehr das uns Ähnliche, Verwandte erkennen können. Wir beginnen, sie für das, was sie haben und wir nicht haben, zu hassen. Im nächsten Schritt bemühen wir uns, dass sie uns gleichgültig werden, so dass wir mit ihnen umgehen, als seien sie Fremde. Wenn sie uns fremd genug sind oder wenn wir nie zulassen, dass sie uns nah sind, weil sie Menschen wie wir sind, sind wir so weit gekommen, dass wir das Lebendige in ihnen verachten – »töten«. Der jüdische Philosoph Emanuel Lévinas fordert uns dazu auf, im Antlitz des anderen zu erkennen, dass er uns sagt, »Du sollst mich nicht töten«.

Das ganze Stück von Camus hindurch schwingt diese Forderung mit. Aber die Frauen sind so hart geworden, dass es für sie kein Zurück gibt. Der Wunsch, ans Meer zu kommen – im Französischen klingt la mère, die Mutter, genauso wie la mer, das Meer. Es könnte sich also die Sehnsucht nach einer ganz und gar guten Mutter, die einen mit allem versorgt, darin verstecken. In einer Inszenierung des Münchner Residenztheaters sieht man sehr einfache, aber keineswegs ärmliche Zimmer. Schön sind sie nicht, aber auch nicht hässlich. Jedoch fehlt jeder Luxus. Vielleicht hat sich Camus im Jahr 1944 etwas anderes vorgestellt. Heute empfinden wir schon Mangel, wenn wir ohne Luxus auskommen sollen. Ich weiß, dass es reale Armut in unserem Land gibt, und doch nehme ich an, dass es Camus um die innere Armut, das Gefühl des Mangels, das wir hier »Mangelidentität« nennen, geht. Für mich ist das Zeichen innerer Armut hier durch das Nichterkennen des Bruders am besten symbolisiert. Diese Frage wird im Stück auch gestellt: Wie ist es möglich, dass die Mutter ihren Sohn nicht erkennt, die Schwester nicht ihren Bruder?

Es thematisiert letztlich, wie furchtbar es für uns alle ist, wenn wir einander (nicht mehr) als Schwestern und Brüder erkennen. Wir erkennen uns nicht, weil wir dem anderen nicht gönnen können, wenn er mehr bekommt und hat als wir. Wer in der Kindheit nicht die Liebe bekommen hat, die ein Kind so dringend benötigt, der tut sich später schwer, sich gesättigt zu fühlen.

Wieder halte ich es für wichtig, dieses verlassene Kind in uns, das heißt, das in seinem Verlangen nach Liebe ungestillte, zu erkennen und liebevoll in unsere Arme zu schließen. Uns selbst mitfühlend Liebe und Zärtlichkeit zu geben, kostet nichts und hat doch große Wirkung!

Mangelidentität führt zur Wahl von Partnern, die unrealistisch ist und daher in der Regel enttäuschend.

Eine Patientin beklagt sich darüber, dass ihr Partner sich nicht um sie gekümmert habe, da habe sie Wut bekommen und sich von ihm getrennt. Sie habe sich so sehr nach Geborgenheit bei ihm gesehnt. Viele Menschen halten solche Überlegungen für »normal«. Warum soll man nicht verlangen dürfen, dass ein Partner, eine Partnerin einem Geborgenheit gibt? Doch, man kann das durchaus verlangen. Was ist aber, wenn er sich genauso nach bedingungslosem Beantwortetwerden sehnt und deshalb nichts oder nicht genug geben kann?

Zwei Mangelwesen treffen aufeinander und werden immer wütender und destruktiver, weil beide nicht bekommen, was sie meinen erwarten zu dürfen.

Wie wäre es, wenn sich beide erst einmal um all das Vernachlässigte und Verletzte in sich kümmern würden? Viele werden mir jetzt sagen, das geht nicht, ich brauche das von einem anderen Menschen, ich kann mir das nicht geben, denn ich habe das ja nie erfahren. Es ist tragisch, dass sehr viele Menschen in der westlichen Welt sehr früh Mangelerfahrungen machen. Es bleibt dennoch die Frage, wie es kommt, dass sie sich nach etwas sehnen, was sie »nie« hatten. Vielleicht gibt es doch eine Ahnung davon und vielleicht könnte diese Ahnung uns zeigen, dass die Fähigkeit, die Sehnsucht zu stillen doch bereits in uns liegen könnte?

Wir vertrauen uns selbst zu wenig, trauen uns nicht zu, dass wir mehr können, als wir ahnen.

Wenn ich mit Menschen arbeite, erlebe ich häufig, dass sie sich wunderbare Dinge ausmalen:

Einen herrlich üppigen Ort, eine Art Schlaraffenland, in dem alles da ist, was man sich wünscht. Liebevolle Wesen sind da, die einem voller Liebe begegnen, die alles geben, was gebraucht wird. Wieso können Menschen das, die all dies doch gar nicht erlebt haben?

Ich habe darauf keine sichere Antwort, vermute aber, dass es mit vorgeburtlichen Erfahrungen zu tun haben könnte, aber vielleicht auch deshalb möglich ist, weil wir in unserem kollektiven Unbewussten Themen zur Verfügung haben, so wie sie in Märchen und Mythen vorkommen. »Schlaraffenland« ist eine Metapher für das bedingungslose Versorgtsein, ebenso beschreibt das Märchen von Hänsel und Gretel die Urangst des Nichtgenugbekommens, ja sogar, dass einen die eigenen Eltern verhungern lassen, was ja tatsächlich immer wieder geschieht.

Jedes Kind ist, solange es klein ist, mit Leib und Leben abhängig von der Versorgung durch Erwachsene, also meist den Eltern. Wenn wir älter sind, machen wir uns oft nicht mehr klar, wie abhängig ein kleines Kind ist. Es würde weh tun, sich daran genauer zu erinnern, also erinnern wir uns lieber nicht.

Vieles spricht dafür, dass Selbstvertrauen am leichtesten gelingt, wenn man das Glück hatte, in der Kindheit von vertrauenswürdigen Menschen geliebt zu werden, das heißt, aus Vertrauen, das nicht oder nur wenig enttäuscht wird, kann sich am leichtesten Selbstvertrauen entwickeln. Das Kind erfährt, dass es geachtet wird, dass seine Eltern es lieben, weil es ist, dass es also um seiner selbst willen und nicht um der Leistung willen eine Lebensberechtigung hat. All dies fördert Selbstvertrauen.

Wenn diese förderliche Erfahrung zu wenig stattgefunden hat, lässt sich Selbstvertrauen dennoch aufbauen. Dazu gehört, dass wir uns selbst bejahen, wie wir sind.

Das sagt sich leicht, und doch tun sich viele damit schwer. Es ist sinnvoll, erst einmal mit dem zu beginnen, was man an sich mag und schätzt. Erst später ist es dann auch möglich, sich langsam den Schwächen und Fehlern anzunähern. Und sich nach und nach mit allem zu akzeptieren. Jetzt können Sie einwenden, dass das doch nicht geht, weil die jeweiligen Schwächen und Fehler so schlimm sind, dass sie auf keinen Fall akzeptabel sind. Dann frage ich, hat es bisher geholfen, dagegen zu kämpfen? Und welchen Preis bezahlen Sie dafür?

Solange wir uns selbst bekämpfen, führen wir innerlich Krieg. Manche mögen davon überzeugt sein, dass »Glaubens- und heilige Kriege« sinnvoll sind, ich bezweifle das und halte es daher für sinnvoll, dass wir mit uns selbst Frieden schließen. Das sogenannte Böse in uns ist durch Not entstanden, es bewahrt uns vor Schmerz, aber dahinter wartet die Sehnsucht nach Liebe. Rilke schreibt in seinem »Brief an einen jungen Dichter«, dass vielleicht alle Drachen in uns Prinzessinnen sind, die erlöst sein möchten. Erlösung im Märchen findet durch die Liebe des Helden oder der Heldin statt. Manchmal allerdings auch durch einen Wutanfall, wie im Froschkönig. Prüfen Sie selbst, was der für Sie geeignete Weg ist!

Innehalten

Kennen Sie Momente, in denen Sie inspiriert sind? Dann ist Selbstvertrauen selbstverständlich. Achten Sie in nächster Zeit auf inspirierte Momente und werden Sie sich darüber klar, bei welchen Tätigkeiten und mit welchen Gefährten – vielleicht sind Sie dann auch allein? – Sie sich inspiriert und voller Selbstvertrauen fühlen. Es könnte helfen, sich immer deutlicher dieser Momente bewusst zu werden, um Selbstvertrauen zu vertiefen.

Ohne Vertrauen ist Selbstvertrauen schwer denkbar, Selbstvertrauen und Vertrauen sind wie zwei Geschwister, die sich an die Hand nehmen und sich wechselseitig unterstützen.

Wer bin ich, wenn ich »ich« sage?

Sylvia Wetzel

»Das Wichtigste ist doch, wie man sich selbst sieht!«,
denkt die Katze, die im Spiegel einen
wilden Tiger erblickt.

Was auch immer wir tun, wir »lehren« immer mehr durch das, was wir sind, als durch das was wir sagen und denken oder durch die Methoden, die wir einsetzen. Wie funktioniert Mangelidentität, und wie entsteht Selbstvertrauen? Vier buddhistische Modelle zeigen, wie und womit wir uns vor allem identifizieren und worauf wir uns beziehen, wenn wir ein eher negatives oder ein eher positives Selbstwertgefühl haben: fünf Skandhas, fünf Weisen der Identifikation, acht Anliegen und vier Schleier. Das Modell der vier Schleier zeigt uns Wege zu einem stabilen Selbstvertrauen und auch das, was uns daran hindert, die Tiefendimension des Geistes, Buddha-Natur, zu erkennen und aus dem Vertrauen in sie zu leben.

Wir beginnen mit einigen Fragen, die bei unseren Begegnungen mit Menschen direkt und indirekt eine Rolle spielen. Wer bin ich, wenn ich »ich« sage? Das hängt immer auch vom Kontext ab. Was würde ich jetzt im Augenblick antworten, wenn mich auf einer Party eine mir fremde Person fragt: Wer sind Sie? Was antworten Sie? Ich bin eine Freundin der Gastgeberin, ich bin Psychotherapeutin, ich reite gerne und – ich interessiere mich für Buddhismus. Je nach Kontext erzählen wir, was wir arbeiten und was wir in unserer Freizeit gerne tun, welche Bücher, welche Musik und welche Filme wir mögen, wie wir leben, worüber wir uns aufregen und wie man die Gesellschaft zum Besseren verändern könnte. Wir sprechen über das, was wir für gut oder schlecht halten und was wir gerne oder ungern tun.

Innehalten:
Wir können uns Stichworte auf folgende Aussagen notieren: Heute würde ich am liebsten ... Ich mag immer schon gerne ... Ich war immer schon ... Vor zwanzig Jahren wollte ich eigentlich ... Als ich dreißig war, wollte ich ... Als ich zwanzig war, sehnte ich mich nach ... Als ich fünfzehn war, war ich ..., wollte ich ... Als ich zehn Jahre alt war, wünschte ich mir ...

Die Lehren des Buddhismus kreisen immer wieder um die Frage, für wen wir uns halten, wenn wir »ich« sagen. Die These des Buddha ist klar und einfach: Solange wir uns nur für das halten, was kommt und geht, bleiben wir unsicher und greifen nach Dingen, Menschen, Besitz und Macht, Anerkennung und Zuwendung und angenehmen Gefühlen. Erst wenn wir den lebendigen Raum entdecken, in dem wir uns ereignen, das Unbedingte und Unfassbare, dann entsteht das Vertrauen, das wir brauchen, um in einer Welt des ständigen Wandels mit Würde und Wertschätzung für uns und andere zu leben.

Ich stelle zunächst die Liste der fünf Persönlichkeitsaspekte (Skt. *skandha*) vor, die wir meditativ und im Alltag erforschen können. Je nach Situation halten wir uns für das eine oder andere und wundern uns, dass unser Selbstwertgefühl nicht stabil ist. Die fünf Skandhas, wörtlich Haufen, nämlich Haufen von vielen Erfahrungen, sind: Körper, Gefühl, Unterscheidungsfähigkeit, individuelle und kollektive Verhaltens- und Wahrnehmungsmuster und Bewusstsein.

Wenn wir Kopfweh haben, halten wir uns vor allem für den Körper und wenn wir traurig sind, für die Gefühle. Wenn wir etwas wissen oder nicht wissen, halten wir uns für unsere Fähigkeit, Kategorien zu bilden und Dinge zu unterscheiden, und wenn wir mit eingefahrenen Mustern reagieren, dann sind wir eben so. Und wenn wir uns Gedanken über unser Selbstbild und unsere Gesundheit machen, halten wir uns für das Bewusstsein, das diese Gedanken denken kann.

Die buddhistische Empfehlung ist schlicht: Wann immer wir angespannt sind, können wir drauf achten, womit wir uns gerade besonders identifizieren, und dann machen wir uns klar, dass wir immer mehr sind als das, was wir gerade wahrnehmen, denken oder sagen, fühlen oder tun. Dann können wir immer noch die Informationen aufnehmen, die uns diese Erfahrungen vermitteln, und das tun, was wir für hilfreich halten: einen Spaziergang machen, mit einer Freundin telefonieren, uns liebevoll bemuttern, und all das, im Wissen: Wir sind viel mehr, als wir begreifen.

Die tibetische Tradition beschreibt mit unterschiedlichen Modellen, wie wir Erfahrungen zu Selbstbildern verfestigen. Der tibetische Lehrer Tsoknyi Rinpoche unterscheidet fünf Arten der Identifikation: *Erstens:* das bloße Ich, *zweitens:* das verfestigte Ich, *drittens:* das überzeichnete Ich oder der Stolz auf das verfestigte Ich, *viertens:* das soziale Ich und *fünftens:* das heilige Ich oder Atman (Skt. für Selbst). Die Grundübung besteht darin, zu schauen, wo wir gerade feststecken, und dann versuchen wir, immer wieder zum bloßen Ich zurückzukommen.

Erstens: Das bloße Ich ist eine bloße Benennung auf der Grundlage der fünf Skandhas, d.h. auf der Basis von Körperempfindungen und Gefühlen, von Vorstellungen und Urteilen, von Gewohnheiten und emotionalen Mustern. Diese Erfahrungen verändern sich immer wieder, und das ist in Ordnung. Es herrscht ein bisschen Chaos, alles ist im Fluss, wir können spielen und sind spontan. Wir wissen, dass alle Erfahrung drei Merkmale hat: Keine Erfahrung stellt auf Dauer zufrieden, alle Erfahrungen und Umstände sind unbeständig, und wir bekommen das Leben nie vollständig in den Griff. Das bloße Ich entdecken wir, wenn wir wach und entspannt sind und begreifen, dass es keine Instanz in uns gibt, die Erfahrungen besitzt und kontrollieren kann. Um das tief zu verstehen, brauchen wir systematische Meditation und eine gute Begleitung.

Zweitens: Das verfestigte oder verdinglichte Ich. Das ist die subtilste Form des Ichgefühls, die wir in der Regel nicht bemerken. Wir verfestigen immer wieder einzelne Erfahrungen und halten an der Idee eines irgendwie stabilen Ich fest: Ich bin zu dünn oder zu dick (Körper), ich bin traurig oder aufgedreht (Gefühle), ich weiß viel oder wenig (Kategorien, Gedanken), in bin eben temperamentvoll oder langweilig, laut oder verhalten (Muster). Wir lockern diese Verfestigung, wenn wir erkennen, *wie* wir Erfahrungen verfestigen. Auch das lernt man in der Regel nur durch regelmäßiges Meditieren mit guter Anleitung.

Drittens: Das überzeichnete Ich. Wir halten das verfestigte Ich für etwas Besonderes, werden überheblich oder fühlen uns ganz besonders schlecht: »Ich bin eben sehr intelligent. Ich bin die dümmste in meiner Abteilung. Ich weiß genau Bescheid, wie das laufen sollte. Ich verstehe Gebrauchsanweisungen nie, und das ist schrecklich«. Wir unterscheiden vor allem zwischen mögen und nicht mögen und jagen nach Dingen, die aber unseren Mangel nicht stillen können. Wir definieren unseren Selbstwert über Besitz von Dingen, Wissen und Fähigkeiten, über Status, Zuwendung und Gefühle, und all das verändert sich immer wieder. Kontinuierliche Beziehungen und Einfühlung in uns und andere, Selbstbeobachtung und Reflexion helfen uns, das überzeichnete Ich zu erkennen und unsere Fixierung etwas zu lockern.

Viertens: Das soziale Ich oder die Rollen-Identität. Wir definieren uns in hohem Maß über die soziale Rolle: Eltern, Kind, Beruf, Alter, Status, Besitz. Unsere Rollen hängen von anderen Menschen, von gesellschaftlichen Bedingungen, von Geschlecht und kulturellen Bedingungen ab. Und wenn wir uns primär darüber definieren, fühlen wir uns abhängig. Rollen sind hilfreich, wenn wir damit spielen können. Die Spannungen zwischen dem faktischen bloßen Ich und dem begrifflich verfestigten Rollen-Ich erzeugt sehr viel Leiden. Wir erkennen und verstehen diese Art der Fixierung, wenn wir unterschiedliche Rollen ausprobieren und damit spielen und immer wieder Verantwortung übernehmen und loslassen.

Fünftens: Atman, das heilige Ich. Wenn alles schief geht, soll uns der Glaube an eine ewige Seele retten. Viele Menschen glauben an eine unsterbliche Seele. Diese Art heiliges Ich halten sie für einzigartig, für unabhängig vom Körper und für ewig. Das ist für den Buddhismus eine irrige Vorstellung, eine falsche Theorie. Es ist letztlich ein falsches religiöses Konzept, das uns Frieden schenken soll. Der Buddhismus stellt die Existenz einer ewigen unsterblichen und individuellen Seele infrage. Buddha-Natur ist keine persönliche Seelensubstanz, sondern eine völlig offene Perspektive, die alle anderen Perspektiven umfasst. Das können wir verstehen, wenn wir die Vorstellung eines ewigen Ichs unter guter Anleitung und im Gespräch mit erfahrenen Meditierenden immer wieder hinterfragen.

Die Übung besteht darin, die jeweilige Fixierung durch Selbstbeobachtung, Meditation und im Gespräch mit anderen zu erkennen und zum bloßen Ich zurückzukehren. Das bloße Ich entspricht einem Lebensgefühl, das spielerisch und spontan ist. Um Freude zu spüren, brauchen wir ein wenig Chaos. Ein verfestigtes Ich tötet die Lebendigkeit. Es fühlt sich übertrieben verantwortlich oder übernimmt keine Verantwortung, und so entstehen Probleme.

Wir können unser aktuelles Selbstbild auch mit der Liste der Anliegen untersuchen, die uns wichtig sind. Die buddhistische Tradition nennt acht weltliche Belange (Skt. *dharma*), vier davon wollen wir erleben und haben und ihr Gegenteil wollen wir nicht erleben und nicht haben. Wir jagen nach Status und Besitz, nach Zuwendung bzw. Anerkennung und nach schönen, angenehmen Gefühlen. Und wir wehren uns gegen den Verlust von Status und Besitz und jammern über Kritik und Liebesentzug und über unangenehme Gefühle. Der Punkt dabei ist nicht, dass wir unempfindlich werden gegen diese Erfahrungen. Wir können uns aber klar machen, dass diese Erfahrungen zum Leben gehören, da Status und Besitz, Zuwendung und schöne Gefühle von sehr vielen Bedingungen abhängen, die wir nicht alle im Griff haben. Veränderungen in diesen Bereichen gehören zum Leben, und wir sollten unser Selbstwertgefühl nicht darauf bauen.

Wir können einige unangenehme Erfahrungen und Konflikte darauf untersuchen, welche Anliegen dabei im Vordergrund standen: Status oder Besitz, und sei es Besitz von Wissen und Lebenserfahrung? Zuwendung, Anerkennung? Angenehme Gefühle? Welche Sinne stehen dabei im Vordergrund?

Wie reagiere ich auf Anerkennung und Zuwendung? Kann ich sie gut annehmen? Rede ich sie klein? Wir reagiere ich auf den Verlust, auf die Veränderung von Status und Besitz? Wie reagiere ich auf Kritik und Liebesentzug? Und auf Krankheit und Schmerzen? Auf Gestank, Lärm und geschmacklose und hässliche Dinge, auf schlechtes Essen und dünnen Kaffee?

Nehme ich solche Erfahrungen persönlich? Frage ich

mich dann: Warum immer ich? Ja, warum eigentlich n auch einmal ich? Jeden Tag machen Menschen unang nehme Erfahrungen, und selbst wenn gerade alles in Ordnung ist, machen wir uns Sorgen, dass das möglicherweise nicht ewig anhält, nicht dauert.

Solange wir unser Selbstbild und vor allem unser Selbstwertgefühl auf unbeständige Erfahrungen bauen, auf das, was kommt und geht und was sich unablässig verändert, finden wir nie Sicherheit. Wir können aber lernen, aus einer engen Identifikation mit wechselnden Körperempfindungen und Gefühlen, Gedanken und Mustern herauszufinden und die offene Dimension zu entdecken, in der wir selbst und alles, was es gibt, erscheinen. Diese Dimension nennt man wahres Wesen oder Buddha-Natur.

Vier Schleier hindern uns daran, den lebendigen Raum wahrzunehmen oder uns seiner innezuwerden: *Erstens* das Ignorieren der Tiefendimension unseres Geistes, der offenen Dimension jenseits von Worten und Begriffen, Buddha-Natur, *zweitens* unser übertriebenes Gefühl von Getrenntheit, *drittens* unsere Ansichten und emotionalen Muster und *viertens* unsere Gewohnheiten. Die Übung besteht darin, diese vier Schleier im Alltag und in der systematischen Meditation zu entdecken, sie zu erforschen und durch die für uns geeigneten Methoden zu lüften. An dieser Stelle werde ich die vier Schleier nur kurz vorstellen, die ich an anderer Stelle ausführlicher beschrieben habe (Leichter Leben).

Erstens: Der Schleier vor Buddha-Natur oder das Ignorieren unserer Tiefendimension. Eine Grundannahme aller buddhistischen Traditionen besagt, dass alle Menschen potenziell Zugang haben zu dieser Dimension, die wir in westlichen Begriffen und etwas vereinfacht Urvertrauen nennen können. Ein Vers aus dem Frühen Buddhismus spricht vom Ungeborenen, nicht Bedingten, nicht Geschaffenen und weist damit darauf hin, dass dies nicht neu hergestellt werden muss. Diese Dimension ist immer da, denn sie ist die Tiefendimension oder die Natur des Geistes. Sie wird im buddhistischen Dzogchen als offen, klar und feinfühlig bezeichnet. Die Natur des Geistes hat natürlich keine Eigenschaften, denn sie ist jenseits von Worten und Begriffen, aber durch diese drei Erfahrungen können wir uns ihr annähern. Offen bedeutet auch leer von allen Zuschreibungen und unfassbar, denn die Natur des Geistes kann nie Objekt unseres Wissens sein, da sie die Grundlage jeder Erfahrung ist, auch des Verstehens. Auf unseren Alltag bezogen heißt das: Ich kann letztlich keine Erfahrung mitteilen, denn Leben ist ein Wunder, ein Geheimnis. Staunen ist ein sicherer Weg zu dieser Dimension ebenso wie auch alle Meditationen über die Natur des Geistes. Ebenso Erfahrungen von Liebe, Dankbarkeit und Freude, denn »im Augenblick der Liebe scheint das wahre Wesen auf«, sagt der Dritte Karmapa, ein tibetischer Meister aus dem 14. Jahrhundert.

Zweitens: Der zweite Schleier ist der Schleier des Gefühls der übertriebenen Getrenntheit. Wir fühlen uns in einer übertriebenen Weise getrennt von anderen Menschen, von der Natur, ja von uns selbst. Das nennt die Tradition Dualität oder dualistische Sicht. Das ist der Glaube, die Unterscheidung von Subjekt und Objekt sei keine Zuschreibung, sondern wirklich wahr. Wir stärken diesen Schleier, wenn wir primär auf Unterschiede schauen, auf das, was uns trennt, auf das, was kommt und geht. Das ist eine reduzierte Sicht, denn wenn wir das glauben, glauben wir nur dem Verstand. Dann reduzieren wir unser Leben und unsere Erfahrungen, uns selbst und die anderen Menschen auf das, was wir darüber denken. Wenn wir Gedanken als Gedanken erkennen, begreifen wir mit der Zeit, dass auch das Gefühl der übertriebenen Getrenntheit eine Vorstellung, ein ungültiges Konzept ist. Ein Konzept ist dann ungültig, wenn wir nicht bemerken, dass es bloß eine Vorstellung ist, und wenn es nicht stimmt. So sieht das die tibetische Gelugtradition.

Jede Erfahrung von Freude, allein und vor allem mit anderen Menschen zusammen, kann uns ein Gefühl von Geborgenheit vermitteln, das vor jeder Getrenntheit da ist. Wie könnten wir uns allein fühlen, wenn wir keine Ahnung hätten, was Geborgenheit ist? Wir können uns nur nach etwas sehnen, was wir schon kennen. Diese Sehnsucht ist ein Hinweis darauf, dass wir die tiefe Geborgenheit bereits kennen. Stabile Beziehungen und Vorbilder und erlebte Verbundenheit sind eine große Hilfe, neben der existentiellen und bedingten auch die essentielle und nicht bedingte Geborgenheit im unfassbaren lebendigen Raum zu entdecken.

Drittens: Der dritte Schleier sind unsere vielen Ansichten und die emotionalen Strategien, mit denen wir diese Ansichten und Meinungen über uns und andere verteidigen. Dahinter steht die These, dass aufgewühlte Emotionen die Folge von unrealistischen Erwartungen, Ansichten und Meinungen sind. Wenn unsere Erfahrungen nämlich nicht zu unseren Ansichten passen, regen wir uns auf. Dann fahren wir das ganze Geschütz unserer Emotionen auf, um besser an unseren Meinungen festhalten zu können. Wir sind enttäuscht und verteidigen unsere Erwartungen und Ansichten mit aufgewühlten Emotionen: Stolz oder Minderwertigkeitsgefühlen. Habenwollen, was nicht da ist und Festhalten an dem, was da ist. Abwehr und Wut, Neid und Eifersucht, Angst vor Verlust usw. Hinter jeder Enttäuschung steht eine Täuschung, haben wir im zweiten Kapitel gehört. Wir können anhand der letzten Enttäuschung nachprüfen, ob das stimmt.

Ein Beispiel: wir denken oft: »Ich bin nicht gut genug. Es reicht nie. Ich komme zu kurz«. Das versuchen wir dann durch die Identifikation mit dem, was kommt und geht, zu kompensieren: Besitz, Rollen, Status, Wissen, Schönheit, Gesundheit. Das hat seinen Sinn und führt manchmal zu relativer Bequemlichkeit und sichert den Lebensunterhalt. Festhalten an dem, was unbeständig ist, kann aber per definitionem auf Dauer nicht zu einem stabilen Selbstwertgefühl führen. Wenn wir immer wieder die Täuschungen hinter unseren Enttäuschungen entdecken, lernen wir unsere Ansichten und Meinungen als Arbeitshypothesen zu sehen, die ihre Richtigkeit erst noch erweisen müssen. Erfahrungen von tiefer Sammlung beruhigen aufgewühlte Emotionen und geben uns neue Energie. Alles, was wir gerne und mit ganzem Herzen tun, entspannt, beruhigt und gibt Kraft. Freude ist auch hier ein guter Weg, um eingefahrene Muster aufzuweichen und neue Perspektiven zu entdecken.

Viertens: Der vierte Schleier sind unsere eingefahrenen Gewohnheiten. Gewohnheiten haben auch ihre guten Seiten, denn wir können viele Tätigkeiten auch ohne großes Nachdenken ausführen. Wenn wir aber unsere unrealistischen Ansichten und überholte emotionale Muster nicht überprüfen, sondern in eingefahrenen Bahnen denken und fühlen, engen wir unseren Horizont sehr ein. Wir finden zwar ein gewisses Maß an Sicherheit, wenn wir an alten Ansichten und emotionalen Mustern festhalten, aber das bringt uns auch in Schwierigkeiten. Bei anderen können wir das besser erkennen, als bei uns selbst: Je unsicherer Menschen sind, desto mehr Angst vor Veränderung haben sie. Die klassische Übung für diesen Schleier ist das Leben mit ethischen Regeln. Sie vereinfachen das Leben und wir erkennen sehr schnell Gewohnheiten und Muster im Verhalten, Reden und Denken. Eine große Hilfe dabei sind

Phasen der Muße und des Innehaltens, denn sie helfen uns, unsere Muster überhaupt erst zu bemerken.

Das Modell der vier Schleier hilft mir seit Mitte der 1980er Jahre zu verstehen, wie sich spirituelle und psychotherapeutische Ansätze ergänzen können. Es macht aber auch klar, dass jedes Verfahren, das nur mit dem Verhalten, mit Emotionen und Ansichten arbeitet, an Grenzen kommt. Wir können tief sitzende negative Selbstbilder und Minderwertigkeitsgefühle nur dann verändern, wenn wir die Dimension der übertriebenen Getrenntheit einbeziehen und einen Zugang finden zu dem uns allen innewohnenden tiefen Vertrauen ins Leben, das wir Urvertrauen oder Buddha-Natur nennen können.

Wir kennen viele psychotherapeutische Verfahren, kognitive, emotive und imaginative, die sich gut eignen, verfestigte Ansichten und emotionale Muster zu erkennen und aufzuweichen. Es gibt wunderbare Ansätze in der Körperarbeit, die diese Prozesse unterstützen. Ich überlasse es Ihnen, die Ihnen bekannten Verfahren und Ansätze zuzuordnen.

Für ein stabiles und realistisches Selbstbild brauchen wir Vertrauen und Selbstvertrauen und die Gewissheit, dass wir Dinge bewirken können, dass wir ein gewisses Maß an Kontrolle über unser Leben haben. Was Vertrauen und Kontrolle miteinander zu tun haben, untersuchen wir im nächsten Kapitel.

5. Vertrauen und Kontrolle

Von der Lust des Entdeckens der Welt und der Angst zu verhungern

Luise Reddemann

Kleine Kinder müssten genau genommen blind vertrauen dürfen, so wie Rotkäppchen, das den Wolf im Wald trifft und ihm ohne Arg vertraut. Später lernt das Kind, dass nicht alle und alles vertrauenswürdig sind, es lernt unterscheiden und damit verliert es »seine Unschuld«, es wird quasi aus dem Paradies vertrieben.

Wenn man allzu früh die Erfahrung macht, dass Menschen, auf die man angewiesen ist, nicht vertrauenswürdig sind, das aber gar nicht benennen kann, weil man es nicht anders kennt, lernt man, »auf der Hut zu sein«, damit man so wenig Schmerz wie möglich erfährt. Zum auf der Hut sein gehört, so viel zu kontrollieren, wie man kann. Die Kontrollversuche sind manchmal wenig effektiv, so wie bei Hänsel und Gretel, denen die Brotstücke helfen sollen, den Heimweg zu finden. Doch diese Brotstücke werden schließlich von Vögeln gefressen. Dieser Kontrollverlust wird beim nächsten Mal zu noch mehr Kontrollversuchen führen und womöglich dazu – falls man die Wahl hätte – nicht mehr in den Wald zu gehen. Auf die Dauer führt also Kontrollverlust zu immer mehr Angst und die Angst zu immer mehr Vermeidung und noch mehr Kontrollversuchen.

Für Menschen ist es im Allgemeinen wichtig, dass sie ein gewisses Maß an Kontrolle haben können, d.h. dass einem das Leben einigermaßen planbar und vorhersehbar erscheint, und man nicht andauernd unangenehme Überraschungen erlebt. Wir wissen, dass das nicht immer so ist: Andauernd geschehen Dinge, mit denen wir nicht rechnen. Wenn das Ungeplante und das Planbare in etwa in der Waage sind, können wir damit leben. Zu viel Unkontrollierbares oder überhaupt keine Kontrolle und ohnmächtiges Ausgeliefertsein können krank machen. Untersuchungen haben z.B. gezeigt, dass Menschen, die wenig Einfluss auf ihre Arbeitsabläufe haben, unter erheblichem krankmachendem Stress stehen, mehr als die Manager, von denen man früher dachte, sie seien die Herzinfarktkandidaten Nummer eins.

Vertrauen hat also auch Grenzen, und wir können nicht jede Art von Kontrollverlust durch Vertrauen ausgleichen. Andererseits ist es wichtig, dass wir fähig sind, dem Leben und den Menschen so viel Vertrauen entgegenzubringen, dass Nähe überhaupt möglich ist.

Die Lust, etwas Neues zu entdecken, speist sich teilweise aus Vertrauen, deshalb tun sich Kinder – und Erwachsene –, die traumatische Erfahrungen gemacht haben, oft schwer, Neues an sich heranzulassen und zu lernen. Gesunde Kinder sind voller Entdeckerfreude, jedes Kind ist ein kleiner Kolumbus, wenn es sich sicher genug fühlt. In dem eingangs erwähnten Film »Babys« lässt sich das sehr schön bei dem namibischen und dem mongolischen Baby erkennen: Aus der Geborgenheit heraus und wenn wir die Möglichkeit haben, immer wieder in sie zurückzukehren, entsteht diese Lust am Entdecken. Geborgenheitserfahrungen und Vertrauen gehören zusammen.

Wie lässt sich Vertrauen lernen, wenn man nicht das Glück hatte, sich früh geborgen zu fühlen?

Am meisten helfen Beziehungen zu anderen Menschen, die sich als vertrauenswürdig erweisen. Es erscheint mir immer wieder wie ein Wunder, dass schwer beschädigte Menschen es schaffen, sich später im Leben anzuvertrauen.

Solche vertrauensvollen Beziehungen sind das Heilsamste, was man sich wünschen kann. Es ist wichtig, sich klar zu machen, dass es nicht nur an den vertrauenswürdigen anderen liegt, dass Vertrauen gelingt, sondern an der bereits vorhandenen Fähigkeit zu vertrauen, denn ohne diese könnte jemand noch so vertrauenswürdig sein, und man würde ihm doch nicht vertrauen. Die meisten Menschen, denen ich in meiner Arbeit begegnet bin, haben, obwohl sie schlimme Erfahrungen gemacht hatten, dieses Vertrauen aufgebracht.

Solche Erfahrungen haben in mir die Gewissheit wachsen lassen, dass in jedem und jeder von uns dieser »heile Kern« ist, der uns dazu befähigt, zu vertrauen, trotz erheblicher Vertrauensverletzungen, und zu lieben, selbst wenn wir wenig Liebe erfahren haben, zu hoffen, selbst wenn es lange Zeit wenig Grund für Hoffnung gab.

Innehalten:

Welchen Menschen vertrauen Sie? Was haben diese Menschen an sich, dass Sie sie für vertrauenswürdig halten? Wer oder was hilft Ihnen zu vertrauen? Kennen Sie auch »blindes Vertrauen«? Kann es sein, dass Sie blind vertrauen, weil es weh tun würde, sich klar zu machen, dass man nicht allem und jedem vertrauen kann?

Wie viel Kontrolle üben Sie aus? Sind Sie ein »Kontrollfreak«? Möchten Sie probieren, gelegentlich ein wenig Kontrolle aufzugeben und zu erkunden, wie sich das auswirkt?

Wir können einfach nicht allein existieren, alles findet letztlich in Beziehungen statt, ob wir sie vermeiden oder nicht; auch die Person, die Beziehungen aus dem Weg geht, ist mit Beziehungen beschäftigt. In den nächsten Kapiteln soll es jetzt noch mehr um die Begegnung mit anderen gehen.

Ich möchte dazu einen Text des *alten* Goethe zitieren, der für mich unsere Themen zusammenfasst:

»Warum das Leben, das Lebend'ge hassen?
Beschaue nur in mildem Licht
Das Menschenwesen, wiege zwischen Kälte
Und Überspannung dich im Gleichgewicht;
Und wo der Dünkel hart sein Urteil fällte,
So lass ihn fühlen, was ihm sonst gebricht;
Du, selbst kein Engel, wohnst nicht unter Engeln,
Nachsicht erwirbt sich Nachsicht, liebt geliebt.
Die Menschen sind, trotz allen ihren Mängeln,
Das Liebenswürdigste, was es gibt;
Fürwahr, so wechselt Pein und Lust.
Genieße, wenn du kannst, und leide, wenn du musst,
Vergiss den Schmerz, erfrische das Vergnügen.
Zu einer Freundin, einem Freund gelenkt,
Mitteilend lerne wie der andre denkt.
Gelingt es dir den Starrsinn zu besiegen,
Das Gute wird im Ganzen überwiegen.«

Dieser Text spricht meines Erachtens für sich selbst.

Ich lade Sie ein, ihn auf Sie wirken zu lassen, mit ihm innezuhalten.

Herz und Verstand – Vertrauen und Einsicht

Sylvia Wetzel

Ein See von Bedingungen und nichts im Griff.
Buddhistisch

»Vertrauen ist gut, Kontrolle ist besser«, sagt der Volksmund, und das glauben viele moderne Menschen. Kontrolle ist gut, aber Vertrauen ist besser, sagen die Weisen. Wer hat Recht? Enttäuschtes Vertrauen in der Kindheit führt häufig zu starken Kontrollwünschen, zu Misstrauen und Angst vor Beziehungen. Was hilft uns zu vertrauen, warum ist Kontrolle manchmal ein Hindernis und doch auch wichtig? Wir brauchen das Gefühl, mit unserem Verhalten etwas bewirken zu können. Die psychologische Forschung zeigt deutlich, dass wir uns nicht wohl fühlen, wenn wir keine oder wenig Kontrolle haben, andererseits hat aber jede Kontrolle ihre Grenzen.

Ich möchte im Folgenden vor allem die Bedingungen untersuchen, die zum Entstehen von Vertrauen beitragen. Ich komme deshalb zuerst noch einmal auf das Thema Zuflucht zurück, und dann untersuche ich den Zusammenhang von Vernunft und Vertrauen.

Im zweiten Kapitel habe ich beschrieben, wie der Buddhismus das Entstehen von Vertrauen im Kontext der Zuflucht versteht. Wir lernen uns selbst zu vertrauen, wenn wir in der Lage sind, Vertrauen in ein positives Menschenbild zu entwickeln, in Wege, die dahin führen und in Menschen, die uns dabei begleiten. In dem Augenblick, in dem wir Zuflucht zum äußeren Buddha nehmen, dem Symbol des Erwachens, zum äußeren Dharma, den Lehren und Übungen und zur äußeren Sangha, den Menschen, die uns inspirieren und begleiten, im gleichen Augenblick fassen wir schon ein wenig Vertrauen in uns selbst, darin, dass wir selbst erwachen können. Ich möchte diesen Prozess hier näher beleuchten und Parallelen zur Entwicklungspsychologie aufzeigen.

Wenn wir von Urvertrauen sprechen, meinen wir eine Dimension in uns, von der wir uns getragen fühlen. Wir verlassen uns auf diese Kraft, wenn wir in Schwierigkeiten stecken und nicht mehr weiter wissen. Der Psychologe Erik Homburger Erikson beschreibt in seinem Klassiker »Identität und Lebenszyklus«, wie ein Kind in den ersten Lebensjahren Urvertrauen im Kontext einer mehr oder weniger gelungenen Beziehung zu zentralen Menschen entwickelt. Der Jung-Schüler und Tiefenpsychologe Erich Neumann spricht in seinem Buch »Das Kind« vom Nicht-Ich in uns und von der Ich-Selbst-Achse. Ich möchte nun, inspiriert von diesem Modell, den Prozess der Zuflucht zu Buddha, Dharma und Sangha für Erwachsene interpretieren.

Ich fasse zunächst Neumanns Thesen kurz zusammen, und zwar nur soweit es für meine Interpretation wichtig ist, und ich verwende dabei seine Begriffe Ich und Selbst. Das Selbst steht wie bei C. G. Jung für die Fähigkeit zu Integration aller Aspekte der Person und ist in dem Sinn ein Symbol der Ganzheit aller Erfahrungen. Für das Kind befindet sich das Symbol des Selbst zunächst in der Mutter. Sie steht für die ganze Welt, und wenn das Kind ihr vertraut, lernt es der Welt vertrauen. Im Laufe einer gelungenen Entwicklung »wandert« das Symbol des Selbst in das Kind hinein und wird zu einem Nicht-Ich im Inneren, das sich als Urvertrauen äußert.

Wenn wir von Urvertrauen sprechen, dann meinen wir damit ein Vertrauen in uns selbst, aber diese Dimension, der wir vertrauen, ist nicht begrenzt auf die uns bekannten und bewussten Persönlichkeitsanteile. Die Kraft des Urvertrauens beruht gerade darauf, dass wir uns nicht primär auf die uns bewussten Fähigkeiten und Fertigkeiten, auf Erfahrungen und Wissen stützen, sondern auf eine nicht fassbare Kraft, die uns Mut macht, auch mit sehr schwierigen Umständen fertig zu werden. Es lässt uns vertrauen, dass es schon irgendwie weitergehen wird und dass vielleicht auch in Schwierigkeiten ein Schatz verborgen ist, den wir »heben« können, wenn wir nicht verzweifeln, nicht aufgeben. Urvertrauen zeigt sich darin, dass wir genug Vertrauen spüren, um Herausforderungen anzunehmen und das Beste aus jeder Situation zu machen. Neumann interpretiert Urvertrauen als Nicht-Ich in uns. Damit fasst er das, was wir alle kennen: Wir spüren eine Kraft in uns, die aber nicht mit dem Ichgefühl identisch ist, und doch ist die Kraft in uns und nicht im Außen. Das ist für mich auch eine sehr gute Beschreibung der Auswirkung von Buddha-Natur, von innerer Weisheit oder der Zuflucht zu Buddha, Dharma und Sangha *in uns*.

Wir nehmen immer wieder Zuflucht zum äußeren Buddha, zum Symbol des Erwachens, im Wissen, dass der äußere Buddha oder die grüne Tara im Außen keine von uns unabhängigen Entitäten sind, sondern ein Spiegel des Erwachens, ein Spiegel unserer Möglichkeiten, ein Symbol für die uns innewohnende Liebe, Kraft und Weisheit, wie es heißt. Wenn wir in der Meditation oder untertags immer wieder Zuflucht zu unserer inneren Weisheit nehmen, dann können wir fast zuschauen, wie unser Vertrauen wächst oder genauer gesagt: wie es unter dem Schleier des Misstrauens und der Angst, der Einsamkeit und der Unruhe sichtbar, spürbar wird.

Das tiefe Vertrauen hat mehr Chancen sich zu zeigen, wenn wir durch systematisches Üben immer wieder Freiräume schaffen, in denen wir nicht im Griff eingefahrener Ansichten, emotionaler Muster und Gewohnheiten stehen. Das ist der Sinn regelmäßiger Übung: Wir verlassen immer wieder für eine halbe Stunde oder ein paar Minuten den goldenen Käfig unserer Alltagsidentität, wir steigen für eine Weile aus dem Käfig des verfestigten oder überzeichneten Ichgefühls aus und besinnen uns auf unsere Tiefendimension, die offen, klar und feinfühlig ist.

Dieses anfängliche Vertrauen wird immer wieder durch Lektüre inspirierender Texte und Gespräche mit vertrauenswürdigen Menschen gestärkt, die uns auf dem Weg begleiten. Dazu gehören spirituelle Lehrerinnen und Lehrer, bei denen wir Kurse besuchen, aber auch Mitübende, Menschen, mit denen wir uns für die gemeinsame Meditation und für respektvolle und behutsame Gespräche über den Weg regelmäßig treffen. Buddha-Statuen und inspirierende Bücher und Kurse sind hilfreich, aber sie reichen nicht aus, um tiefes Vertrauen in sich zu entdecken, und auch in der Begegnung mit anderen aus diesem Vertrauen heraus zu leben. Wir brauchen die eigene Übung und das Gespräch mit Menschen, die sich auch auf den Weg des Erwachens gemacht haben.

Wenn wir wieder einmal feststellen, dass das Herz anders will, als der Verstand es für richtig hält oder umgekehrt, glauben wir vielleicht, die beiden stünden immer im Widerspruch. Wenn wir mit uns im Reinen sind, sind aber meist auch Herz und Verstand im Einklang. Der Buddhismus beschreibt fünf Fähigkeiten (Skt. *indriya*), die allen Menschen zugänglich sind und die durch systematische Übung zu unerschütterlichen Kräften (Skt. *bala*) werden: Achtsamkeit, Vertrauen und Einsicht sowie Sammlung und Energie. Dabei gilt Achtsamkeit als die Königin aller guten Fähigkeiten. Achtsamkeit erkennt, ob die beiden

Paare Vertrauen und Einsicht und Sammlung und Energie in Balance sind, und falls nicht, können wir das, was fehlt, stärken. Spannend an diesem Ansatz ist für mich die These, dass Herz und Verstand bzw. Vertrauen und Einsicht zusammengehören und sich gegenseitig stärken.

Die buddhistische Tradition beschreibt drei Ebenen des Vertrauens, die wir entdecken können: kindlich-gläubiges Vertrauen, vernünftiges Vertrauen und unerschütterliches Vertrauen. Wenn wir sie klar unterscheiden können, schützt uns das vor naiver Vertrauensseligkeit und nutzlosen intellektuellen Spekulationen. Die drei Arten des Vertrauens (Skt. *sraddha*) entdecken wir durch drei Arten der Einsicht (Skt. *prajna*), des Lernens und Übens: hören und lesen, nachdenken und überprüfen und schließlich unmittelbar schauen und diese Einsicht durch Sammlung stabilisieren bzw. vollständig realisieren.

Die drei Arten der Einsicht und des Vertrauens entfalten sich, wenn wir den Weg der Zuflucht gehen. Ich schätze dieses Modell sehr, denn es ist einfach, man kann es gut im Gedächtnis behalten, und es zeigt typische Fallen, in die wir geraten können, wenn wir naiv oder bloß intellektuell vorgehen. Dieser Ansatz lässt sich gut auf andere Bereiche des Lebens übertragen, die uns am Herzen liegen: Ausbildungen, medizinische Heilverfahren, politische Visionen u. a.

Wenn wir Zuflucht nehmen oder, in anderen Worten, uns auf eine offene, weite Vision der Liebe und Verbundenheit beziehen, auf Wege, die dahin führen, und auf Menschen, die uns dabei begleiten, entdecken wir tiefe Weisheit und unerschütterliches Vertrauen in uns und in andere und in die Welt. Diese Einsicht ist nicht abgehoben und kühl, sondern lebenspraktisch und belastbar, und das Vertrauen ist nicht naiv, sondern klug und lebenssatt.

Wenn wir kluge und inspirierende Vorträge hören oder lesen, entsteht leicht kindlich-gläubiges Vertrauen. Wir sind begeistert, halten die Thesen für wahr und richtig, möchten am liebsten gleich Kurse bei dieser Person besuchen, eine entsprechende Ausbildung machen und anderen von unseren neusten Einsichten erzählen, die meist lediglich Ansichten sind. Wir brauchen dieses kindlich-gläubige Vertrauen nicht nur als Kinder, sondern gerade auch als Erwachsene, denn es gibt uns die Kraft, uns neuen Dingen, Menschen und Umständen zuzuwenden und ihnen einen Vertrauensvorschuss zu geben. Das ist der Weg des Herzens. Im besten Fall inspirieren uns Vorträge, Bücher und gute Gespräche dazu, etwas auszuprobieren. Bleiben wir allerdings in der bloßen Begeisterung stecken, sind wir naiv und zu vertrauensselig und wir können leicht ausgenutzt werden.

Wenn uns diese erste Art des Vertrauens inspiriert, Dinge auszuprobieren oder uns auf bestimmte Menschen einzulassen, dann wird uns empfohlen, Dinge und Menschen, Lehren und Methoden mit allen uns verfügbaren Mitteln zu überprüfen: mit der Lebenserfahrung und unserem Wissen, mit Logik und Vernunft, und zwar so gründlich, wie ein Goldschmied Gold prüft. Wenn wir gründlich über uns wichtige Themen nachdenken, entsteht stabiles und vernünftiges Vertrauen. Wir können Dinge *dann* gut überprüfen, wenn wir gelernt haben, selber zu denken.

Wenn wir uns dann weiter mit dem befassen, was unser Herz berührt und was wir für vernünftig halten, und unsere vorläufigen Einsichten oder Überzeugungen in unser Leben, in Alltag, Arbeit und Beziehungen integrieren, entsteht mit der Zeit unerschütterliches Vertrauen, das auf eigenen Erfahrungen und eigenem Verstehen beruht. Ayya Khema nannte das »erkanntes Erleben«, und es wird es auch tiefe Einsicht genannt, Einsicht mit Herz und Verstand. Das trägt auch in schwierigen Zeiten. Und zu dieser Art Vertrauen können wir auch die Menschen inspirieren, mit denen wir leben und arbeiten.

Was gehört zu diesem dritten Schritt, dem Integrieren dessen, was wir gut verstehen und was uns am Herzen liegt? Die Tradition beschreibt drei Schritte: Wissen, direkte Einsicht und Stabilisieren durch Sammlung. Wenn wir das, was wir für richtig halten, in unser Leben integrieren wollen, stehen dem viele Hindernisse entgegen, vor allem unser mangelndes Vertrauen in Buddha-Natur, unser übertriebenes Gefühl der Getrenntheit und eingefahrene Ansichten, emotionale Muster und Gewohnheiten. Das sind die vier Schleier. Wir müssen uns um die Integration dessen, was wir verstehen, bemühen, und das Mittel der Wahl in der buddhistischen Tradition ist die Meditation.

Innehalten:

Wir rufen uns zunächst immer wieder die neue These, die neue Sicht in Erinnerung. Wir können sie als Satz formulieren und im Herzen bewegen: »Alle Wesen haben Buddha-Natur, und ich auch. Alle Wesen können erwachen, und ich auch. Mögen alle Wesen glücklich sein.« Das ist der erste Schritt: Einen Inhalt kennen und schätzen und ihn im Herzen bewegen.

Dann kann es geschehen, dass wir plötzlich verstehen, was das wirklich bedeutet. Wir spüren ein Gefühl der Gewissheit, und das dauert manchmal nur eine Zehntelsekunde, und manchmal sind wir einige Minuten klar und sicher. Das nennt die Tradition direkte Einsicht. Dann stabilisieren wir diese direkte Einsicht durch Sammlung. Wir bewegen den Satz weiter im Herzen und »gewöhnen« uns daran. Meine Zen-Lehrerin Prabhasa Dharma Roshi meinte Anfang der 1990er Jahre trocken: »Dann brauchen wir noch dreißig Jahre Übung, bis wir uns an unsere neue Einsicht gewöhnt haben.« Aber ich versichere Ihnen, schon eine kleine direkte Einsicht bringt uns auf den Geschmack. Wir wissen jetzt, wie Gewissheit und Vertrauen schmecken.

Direkte Einsicht weckt unerschütterliches Vertrauen. Auch danach gibt es Situationen, in denen wir unsicher und ängstlich, wütend oder verletzt sind, aber irgendwie haben wir das Gefühl, dass es nicht so schlimm ist. Wir fühlen uns gut, auch wenn wir uns nicht gut fühlen. Wir spüren eine Dimension in uns und um uns herum, in der alles am richtigen Ort und in Ordnung ist, auch wenn gerade nichts in Ordnung ist. Das ist unerschütterliches Vertrauen, das auf direkter Einsicht beruht, »erkanntes Erleben«. Das gibt Kraft und macht Mut.

Jedes bisschen Vertrauen gibt uns die Kraft, mit der Tatsache klarzukommen, dass wir unser Leben nie hundertprozentig in den Griff bekommen. Warum klappt das nicht? Stellen wir uns ungeschickt an? Wissen wir nicht genug? Fehlen uns bestimmte Fähigkeiten? Unterstützen uns andere nicht genug? Warum bekommen wir unser Leben nicht völlig in den Griff? Weil bei jeder Erfahrung unendlich viele Faktoren mitspielen, die sich ständig verändern. Weil sich alles ständig verändert, bekommen wir das Leben nicht in den Griff. Weil es keine Instanz in uns oder in der Welt gibt, die das Leben im Griff hätte oder bekommen könnte: weder ein autonomes Ich in uns, noch ein allmächtiger Gott oder die Naturgesetze. Wir erleben *immer* mehr, als wir begreifen. Und das Leben ist ein See von Bedingungen, die wir nie in den Griff bekommen.

Diese Erkenntnis hält man nur aus, wenn man tiefes Vertrauen ins Leben hat: Urvertrauen, Vertrauen in Buddha-Natur. »Vertrauen ist gut, Kontrolle ist besser«, sagt der Volksmund. Das stimmt vielleicht für die Dinge, die wir überschauen können. Wenn wir Menschen und Umstände noch nicht gut kennen, ist es sicherlich gut, nachzufragen und Abläufe zu prüfen. Das fällt im Buddhismus unter den Begriff »nachprüfen«. Der Buddha fordert uns auf, unsere Erfahrungen mit Menschen und Dingen zu überprüfen. Das können und sollten wir tun, und zwar mit allen uns zur Verfügung stehenden Kräften und im Gespräch mit vertrauenswürdigen Menschen. Aber Prüfen und Kontrollieren haben Grenzen, Urvertrauen ist grenzenlos und umfasst alles, Menschen, Dinge, Umstände und uns selbst.

Ich habe jetzt viel über den Aufbau von Vertrauen gesprochen. Vor diesem Hintergrund verstehen wir vielleicht besser, was schief gehen kann, wenn wir zu naiv vertrauen. Wir alle machen die Erfahrung, dass unser Vertrauen enttäuscht wird. Wenn wir als Kinder sehr enttäuscht wurden, brauchen wir viele gute Erfahrungen, damit wir wieder vertrauen lernen. Es reicht aber nicht aus, wenn wir nur auf andere vertrauen. Wir müssen lernen, anderen *und* uns selbst zu vertrauen. Was Vertrauen zu uns selbst mit dem Vertrauen zu anderen zu tun hat, habe ich am Modell der Zuflucht beschrieben. Ich habe auch darüber gesprochen, wie Vertrauen mit Selberdenken und Nachprüfen zusammenhängt.

Wenn wir nur auf andere vertrauen, werden wir immer wieder enttäuscht und bleiben innerlich Kinder. Wenn wir nur auf uns selbst vertrauen, werden und bleiben wir isoliert und misstrauisch. Wenn wir nur auf den Verstand und auf Kontrolle setzen, schotten wir uns ab, lassen uns nicht berühren und haben Angst. Wenn wir unsere Erwartungen bemerken, können wir sie überprüfen. Dann täuschen wir uns nicht so oft und werden auch seltener enttäuscht.

Ein guter Schutz vor naiver Vertrauensseligkeit und misstrauischem Kontrollzwang ist die Fähigkeit, selber zu denken. Das hört sich leicht an, ist aber nicht so einfach. Dazu brauchen wir nämlich Muße. Das schöne alte Wort Muße bedeutet »frei sein von äußeren und inneren Zwängen«, sagt Hannah Arendt. Muße heißt auf Griechisch »scholi« und auf Lateinisch »schola«. Unsere Schule sollte eigentlich ein Ort der Muße sein, wo wir uns frei von äußeren und inneren Zwängen mit dem befassen, was uns am Herzen liegt. Wir machen uns immer mal wieder von äußeren Zwängen frei, aber dann verhindern oft die inneren Zwänge, das bohrende und quälende »Sollte, Hätte, Wäre und Müsste«, dass wir zur Ruhe kommen.

Meditation ist ein Weg, den Modus der Muße zu entdecken. Wenn wir über etwas nachdenken wollen, was uns am Herzen liegt, brauchen wir nicht nur äußeren, sondern auch inneren Raum. Das erlaubt uns dann, alte Denkwege zu verlassen und »ohne Geländer« zu denken, wie Hannah Arendt sagt, und das bedeutet selber zu denken. Wenn wir unter Zeitdruck stehen oder angespannt und müde sind, bewegen wir uns in eingefahrenen Denkbahnen. Dann gießen wir höchstens alten Wein in neue Schläuche, d.h. wir formulieren alte Gedanken einfach ein bisschen um.

Wenn wir anfangen, selber zu denken und unsere eigenen Erfahrungen ernst zu nehmen, entdecken wir das innere Gefühl der Stimmigkeit. Man könnte es auch Gewissen nennen. Das hat nichts mit dem Über-Ich zu tun, auf das es manche gerne reduzieren wollen. Sicherlich hören wir auch manchmal die Stimme eines strengen Eltern-Ichs, wenn wir über etwas nachdenken. Das Gefühl der Stimmigkeit sagt uns, wenn eine Einsicht stimmt. Es ist die gleiche Fähigkeit, die uns beim Fahrradfahren wissen lässt, dass wir in Balance sind, dass wir beim Singen den richtigen Ton treffen und dass die Suppe schmeckt. Wenn wir wissen, dass etwas stimmt, ist ein Gefühl der Gewissheit da und wir fühlen uns zugleich leicht und ungezwungen. Wenn wir bloß an einer Meinung festhalten und Recht haben wollen, sind wir eher angespannt, und wenn wir dann nicht Recht behalten, ärgern wir uns.

Wir können das Gefühl der Stimmigkeit schulen, indem wir uns mit einer Sache intensiv befassen. So lernen wir Fahrrad fahren, Auto fahren, kochen und Klavier spielen, und so lernen wir auch meditieren und nachdenken. Dabei kann uns die Beschäftigung mit einem philosophischen System helfen. Wenn wir uns einfach fragen, was wir denken, dann wird uns das nicht so leicht klar. Wenn wir uns mit den Gedanken anderer beschäftigen, merken wir schneller, was wir selber denken. Zum Selberdenken gehört daher nicht nur das Lesen und Nachdenken, sondern auch das Gespräch mit anderen, in dem wir das Gedachte auf seine Realitätstauglichkeit und seine Relevanz testen.

Wie viel Vertrauen wir haben und wie viel Kontrolle wir brauchen, zeigt sich nirgends besser als in nahen Beziehungen, in denen wir die spannende Gratwanderung zwischen Hingabe und Grenzen erleben. Das wollen wir im nächsten Kapitel erforschen.

6. Hingabe und Grenzen – Eine Gratwanderung

Individualität, Verschiedenheit und Verbundenheit

Luise Reddemann

Die Dialektik zwischen Hingabefähigkeit und Grenzen erkennen können, erscheint mir besonders wichtig. Nur wenn beide in der Balance sind, können Beziehungen mit anderen Menschen als beglückend erlebt werden.

Als kleine Menschen erfahren wir es als selbstverständlich, dass da eine andere, ein anderer ist, der uns hält und trägt, sowohl im direkten körperlichen Sinn, wie im übertragenen Sinn. Fraglos geben wir uns dem hin.

Ähnliches geschieht beim Tun: In sich versunken sagt man, aber eigentlich ist es ein Versunkensein in der Beziehung oder auch in ein Tun. Beglückende Momente im Tun erfahren wir, wenn wir uns einer Sache ganz hingeben, ohne wenn und aber und ohne, dass wir uns ablenken lassen. Die moderne Psychologie nennt das »Flow«.

Da das menschliche Kind eigentlich zu früh geboren wird, ist es für eine Weile noch sehr stark auf die elterliche Nähe und Fürsorge angewiesen, viel mehr als kleine Tiere. Sobald aber das Kind sich aus sich heraus fortbewegen kann, also etwa ab dem Krabbelalter, zeigt sich auch der Wille sich abzugrenzen, etwas Eigenes zu wollen. Ein erster Höhepunkt ist dann in der ersten Trotzphase erreicht und noch einmal stärker in der zweiten Trotzphase erkennbar.

Aus entwicklungspsychologischer Sicht und für unser seelisches Gleichgewicht ist es sehr wichtig, dass wir es uns erlauben können, unser Eigenes zu erkennen, zu benennen und dafür einzutreten, also unsere Grenzen deutlich zu machen. Leider sind viele Eltern genervt, wenn Kinder ihren Eigenwillen kund tun und fördern diesen nicht so, wie man es für eine gesunde Entwicklung für förderlich halten würde. Wie viele, auch kluge und gebildete Menschen tun sich schwer damit, ihr Eigenes zu vertreten? Wie schnell kommt Angst auf, dass man »böse« ist, dass sich andere verletzt fühlen, nur deshalb, weil man nicht übereinstimmt? Und wenn man dem auf den Grund geht, kommt immer wieder heraus, dass da in der erwachsenen Person ein kindlicher Teil ist, dem vermittelt wurde, er dürfe keine eigene Meinung, kein eigenes Wollen haben, denn das mache andere wütend, unglücklich usw. Das ist eine große Tragik. Echtes Vertrauen und echte Hingabe sind nur möglich, wenn man sich sicher sein kann, dass man als der, der man ist, also als eigenständiges Wesen, akzeptiert und geliebt ist.

Wir leben schon sehr lange in einer individualistischen Gesellschaft. Das ist für unsere seelische Entwicklung ein großes Abenteuer, auf das sich westliche Menschen offenbar leichter einlassen als die meisten anderen. In kollektivistischen Gesellschaften wundert man sich über den westlichen Individualismus. Dieser Individualismus hat für uns manche Vorteile und natürlich auch Nachteile, für das Individuum und für die Gemeinschaft, genauso wie Kollektivismus Nachteile hat für den Einzelnen und durchaus auch für die Gemeinschaften.

Der westliche Durchschnittsmensch jedenfalls möchte – und sollte – sich als Individuum verwirklichen können und deshalb ist es uns besonders wichtig, dass wir uns abgrenzen können.

Wir stoßen aber auch an Grenzen anderer und das kann weh tun. Wir fühlen uns dann zurückgewiesen, ja sogar abgelehnt, wenn uns andere ihre Grenzen zeigen. Auch hier gilt, dass sanfte Erfahrungen in der Kindheit einen am besten auf eine Akzeptanz von eigenen Grenzen und die der anderen vorbereiten. Und wenn das nicht der Fall war, können wir lernen, uns selbst auf sanfte Weise darauf einzustimmen, dass es wohltuend ist, die eigenen Grenzen zu erkennen und die anderer zu respektieren.

In diesem Kontext geht es insbesondere um die Akzeptanz von Differenz, also von Unterschieden, ja wenn möglich um eine Lust am Erfahren von Differenz. Wie viele Ängste sich damit verbinden, dass andere nicht genauso sind wie wir, lässt sich leider tagein, tagaus studieren, Fremdenfeindlichkeit ist ein Symptom dafür.

Innehalten:
Wie fühlen Sie sich, wenn Sie bemerken, dass ein anderer Mensch sehr anders ist als Sie, Dinge ganz anders betrachtet und tut? Sind Sie neugierig? Macht Sie das unsicher? Möchten Sie am liebsten, dass es gar keine Unterschiede gäbe? Werden Sie wütend?
Können Sie gut »bei sich« bleiben, zu sich stehen und die andere Person lassen, wie sie ist?

Grenzerfahrungen sind auch noch anderer Natur: Wir lernen, dass unser Leben und alles Leben endlich und vergänglich ist. Das scheint eine der schwierigsten Lektionen zu sein, die das Leben uns abverlangt.

Der berühmte amerikanische Psychotherapeut Irvin Yalom meint in seinem Buch »In die Sonne schauen«, dass fast alle Schwierigkeiten, die in Psychotherapien zur Sprache kommen, letztlich mit der Angst vor dem Tod zu tun hätten und beklagt, dass darauf nicht genügend geachtet würde. Er zeigt in seinem Buch viele Beispiele dafür, dass die Wurzel der Probleme der einzelnen Patientinnen bzw. Patienten mit verdrängter Todesangst zu tun hat.

Wenn Grenzen setzen und Grenzen erfahren im Grunde genommen mit unserer Endlichkeit und unserer Verletzbarkeit zu tun haben, dann kann ich dem folgen.

Eine mich bewegende Auseinandersetzung mit dem Thema zeigt der Film »Von Menschen und Göttern«. Hier geht es um die Geschichte der Mönche von Tibhirine in Algerien. Der Film beginnt mit einem Massaker an christlichen europäischen Fremdarbeitern durch islamistische Terroristen. Daraufhin werden die Mönche von einem Regierungsvertreter gewarnt, dass für ihre Sicherheit nicht mehr garantiert werden könne. Die Mönche wissen, dass sie bedroht sind, obwohl sie seit langem in Frieden mit der Bevölkerung leben und diese unterstützen. Es geht auch um Hingabe in diesem Film: Hingabe an die Menschen, für die sich die Mönche verantwortlich fühlen, Hingabe an die selbst gewählte Aufgabe und Hingabe an Gott. Sehr eindrucksvoll wird im Film gezeigt, wie nun jeder Mönch auf seine ihm eigene Weise mit sich und mit Gott ringt. Für alle ist klar, dass die Entscheidung jedes Einzelnen respektiert wird und es keinen Kollektivzwang geben kann zu bleiben. Einige wollen gehen, jedoch kommen alle schließlich an den Punkt, wo sie sagen, dass sie bleiben wollen. Als sie dann schließlich doch gefangen genommen werden – es ist nicht klar, ob es sich um Regierungstruppen oder um Rebellen handelt – können sich zwei der Mönche verstecken. Diese beiden haben dann das Vermächtnis aller weiter getragen, so dass daraus auch dieser dokumentarische Film entstehen konnte.

Der Film macht Menschenliebe und Zweifel deutlich, Verzweiflung und Hoffnung, den Versuch, Kontrolle auszuüben in einer unkontrollierbaren Situation, das Akzeptieren der eigenen Grenzen. Er macht deutlich, wie Hingabe entstehen kann, wenn schließlich alles »in Gottes Hände« gelegt wird. Man muss kein Christ sein, um von diesem Film erschüttert zu sein.

Der Film zeigt Menschen, die »einfach nur« Menschen sind; man darf miterleben, wie gerade die Anerkennung menschlicher Schwäche zu Größe führt, so dass diese Menschen über sich hinaus wachsen können. Ich sehe hier auch Parallelen zu Dietrich Bonhoeffer. Extremsituationen können manchmal unser wahres Wesen zum Vorschein bringen.

Wenn es uns hier nun um »Ich und Du« geht, so wird auch dies im Film deutlich, nämlich die Verbundenheit mit den Andersgläubigen, mit denen die Mönche gemeinsam beten und denen sie einen Raum im Kloster zur Verfügung stellen können für deren Gottesdienste.

Verbundenheit mit anderen erfordert Hingabebereitschaft an die Begegnung ebenso wie eine Kenntnis der eigenen Grenzen, damit wir uns selbst treu bleiben können.

Mihalyi Czikszenmihalyi hat viel zu Flow geforscht und publiziert: Flow ist eine Erfahrung und ein Prozess des Einsseins, in dem Zeit und Raum keine Rolle mehr spielen. Flow entsteht dadurch, dass wir uns einer Sache ganz hingeben, einem Spiel, einer Aufgabe, ohne dass wir etwas Bestimmtes beabsichtigen. Damit wachsen wir auch im Flow über uns selbst hinaus. Flow kann ein Gegengewicht zu Stress sein und führt zu Glückszuständen. Flow entsteht auch, wenn wir uns einem Menschen hingeben können, was nicht nur sexuell gemeint ist, sondern im Sinn eines ganzheitlichen Sicheinlassens auf einen Anderen. Im Flow verschwinden vorübergehend unsere Grenzen.

Hingabe und Grenzen bedingen sich in gewisser Weise, Flow-Erfahrungen setzen auch die Bereitschaft zu Grenzerfahrungen voraus.

Innehalten:
Können Sie sich an Momente erinnern, in denen Sie im Flow waren, ganz hingegeben an etwas oder jemand, wo Sie Zeit und Raum vergessen haben? Was haben Sie da getan? Waren Sie allein oder mit anderen?
Wenn Sie mögen, beobachten Sie in der nächsten Zeit genauer, wann Flow-Zustände auftreten, so dass Sie daraus lernen können, wie Sie sie bewusster herbeiführen können, nämlich indem Sie die Dinge, die Flow auslösen, häufiger tun.

Ich denke, dass Flow-Erfahrungen auch dabei helfen können, dass wir offener mit anderen sind und dass wir gut allein sein können.

Verbundenheit spüren und Grenzen setzen

Sylvia Wetzel

Grenzen sind Berührungslinien.
Ken Wilber

Nur mit Lebensmut und Lebensfreude, Verantwortungsgefühl und Selbstvertrauen können wir unser komplexes Leben meistern. Wir brauchen Freude an unserer Arbeit und Hingabe an unser Tun in allen Lebenslagen, aber vor allem dann, wenn wir andere Menschen in Krisen begleiten. Wir müssen aber auch unsere Möglichkeiten realistisch einschätzen und Grenzen spüren und setzen können, um uns zu regenerieren und immer wieder Kraft zu tanken.

Wie wir mit uns selbst, mit Angehörigen, Freundinnen, Kolleginnen, Mitarbeitern und Klientinnen umgehen, hat viel zu tun mit unseren Vorstellungen über Beziehungen und mit der Einschätzung unserer Gefühle. Ich möchte in diesem Kapitel eine These aus dem buddhistischen Tantra vorstellen. Es interpretiert sexuelles Verlangen und Festhalten, Angst und Aggression als verkümmerte Reste menschlicher Grundfähigkeiten: sich anderen vertrauensvoll zuwenden und die eigenen Grenzen spüren und setzen zu können.

Wir leben in Beziehungen, weil wir uns nach Geborgenheit sehnen und auch fähig sind, uns hinzugeben und uns anderen zu öffnen. Und wir suchen und gehen unseren je eigenen Weg, weil wir uns nach Freiheit und Selbstverwirklichung sehnen und auch dazu fähig sind. Zumindest prinzipiell.

Wir haben vermutlich alle von Sigmund Freud »gelernt«, dass Abgrenzung aus dem Aggressionstrieb entspringt und Hingabe und Liebe aus dem Sexualtrieb. Nach seiner Ansicht sind diese Kräfte im Rohzustand allerdings alles andere als sozialverträglich. Daher brauchte es die menschliche Kultur, um diese rohen Kräfte zu verfeinern. Und dazu gehört der Verzicht auf das Ausleben unsere rohen Triebe, und das erleben wir als Einengung. Diese Thesen stecken uns vermutlich alle immer noch irgendwie in den Knochen, auch nach der sexuellen Befreiung der 1960er Jahre. Die anhaltende Fixierung unserer Medien auf sexuelle Themen scheint das zu bestätigen.

Das buddhistische Tantra umfasst sehr unterschiedliche Lehren und Übungen. Ich kenne niemanden, der dieses Material insgesamt überschaut und interpretieren kann. Sicher ist, dass diese Lehren noch nicht in unsere Kultur »übersetzt« oder integriert wurden. Daher ist jede Aussage eine wagemutige These. Man könnte das buddhistische Tantra so interpretieren: Es sieht unseren Sexualtrieb als Ausdruck unserer grundsätzlichen Fähigkeit zu lieben und uns mit anderen verbunden zu fühlen. Diese Grundfähigkeit erschöpft sich nicht in einer starken Fixierung auf genitale Sexualität. Das wäre lediglich ein verkümmerter und reduziert gelebter Rest dieser Fähigkeit. Ich gehe davon aus, dass sexuelles Verlangen dann keine Schrumpfversion unserer Fähigkeit zu lieben ist, wenn sexuelle Begegnungen eingebettet sind in persönliche Zuneigung und Wertschätzung und in auf Dauer angelegte Beziehungen.

Das mag konservativ klingen, aber vielleicht ist das einer der Unterschiede zwischen Frauen und Männern, dass Frauen Sexualität und Liebe immer noch häufiger verbinden können und wollen als Männer. Das hängt sicherlich mit vielen Faktoren zusammen, mit kulturellen Werten, Geschlechterrollen und mit Hormonen. Ken Wilber bringt die hormonelle Prägung von Männern durch Testosteron auf die griffige Formel: *fuck or kill*, und die der Frauen durch das Milchdrüsenhormon Oxytycin auf die Formel: *Was soll ich für dich tun, was brauchst du von mir?* Was auch immer alles mitspielen mag, wir müssen nicht unter dem Diktat der Hormone und der tradierten Geschlechterrollen leben, sondern haben, sofern wir uns unserer Prägungen bewusst sind, mehr Freiheit, als wir denken.

Der Aggressionstrieb ist nach dieser freien Interpretation des buddhistischen Tantra eine Schrumpfversion unserer Fähigkeit, uns abzugrenzen und als einzigartig und begrenzt zu erleben. Man könnte sagen, die Fähigkeit, unsere Grenzen zu spüren, ist Ausdruck der Erkenntnis unserer relativen und bedingten Existenz in Zeit und Raum, und die Fähigkeit, zu lieben und sich hinzugeben, ist Ausdruck unserer Tiefendimension, der offenen, klaren und feinfühligen Natur unseres Geistes. Diese Interpretation macht deutlich, dass wir beide Fähigkeiten brauchen, um ganz Mensch zu sein.

Das buddhistische Mahayana, das große Fahrzeug, formuliert den begrifflichen Rahmen, in dem tantrische Lehren und Übungen verständlich werden. Es bringt zwei Erfahrungsdimensionen in Einklang: unser Leben in Zeit und Raum und die Teilhabe am Unfassbaren. Sie zeigen sich in unserer Fähigkeit zu lieben und uns hinzugeben und Grenzen zu spüren und zu setzen.

Wir erleben uns als einzigartig und bedingt. Unser Leben ist abhängig von sehr vielen Bedingungen. Einige dieser Bedingungen können wir erkennen, überprüfen und anderen vermitteln, andere aber nicht. Die buddhistische Tradition beschreibt fünf Persönlichkeitsaspekte (Skt. *skandha*), die wir erforschen können: Körperliches, Gefühle, Unterscheidungsvermögen, Muster und Bewusstsein, oder als die vier Schleier: körperliches und sprachliches Verhalten, Ansichten und emotionale Muster, das übertriebene Ge-

ler Getrenntheit und das Ignorieren unserer Tiefendi-
on. Die Übung ist schlicht: Wir achten einfach auf diese Prozesse und werden uns ihrer bewusst. Die regelmäßige Meditation schafft den Raum, in dem das relativ leicht möglich ist.

Je bewusster wir uns dieser Erfahrungen werden, desto klarer können wir unseren Standpunkt in Raum und Zeit einschätzen und mitteilen. Wer sich nicht gut kennt, wird sich in unbewussten Mustern verfangen und Enttäuschungen erleben, die auf unrealistischen Erwartungen und unklaren Meinungen beruhen. Wenn wir relativ unbewusst sind, werden wir uns, da es viele Menschen gibt, die genau so unbewusst sind wie wir, vor Konflikten kaum retten können.

Was bedeutet es in diesem Kontext, unsere Grenzen zu spüren und zu setzen? Wir nehmen unsere Erfahrungen, unsere Erwartungen und Befürchtungen, Hoffnungen und Ängste wahr. Wenn wir uns ausschließlich darauf konzentrieren, fehlt uns die Dimension der Verbundenheit und Liebe, und je weniger wir uns verbunden fühlen, desto stärker spüren wir unsere Grenzen. Sicherheit entsteht nicht dadurch, dass wir unsere Grenzen betonen, sondern nur durch Verbundenheit mit anderen. Ein starkes Abgrenzungsbedürfnis ist ein Hinweis auf innere Unsicherheit, die meist mit einem übertriebenen Gefühl von Getrenntheit einhergeht. Es gibt eine einfache buddhistische Faustregel: Solange wir uns vor allem inadäquat und unvollkommen fühlen, hängen wir zu stark an Unterschieden und überzeichnen unsere Grenzen.

Manchmal fühlen wir uns mit einzelnen Menschen, mit Orten und einem bestimmten Tun verbunden, und manchmal mit der ganzen Welt, mit allem, was ist. Die Erfahrung von Verbundenheit ist diesem Ansatz zufolge nicht etwas

Neues, etwas, das in der Begegnung mit Menschen und Umständen sozusagen »in uns hinein springt«. Der Mahayana-Buddhismus interpretiert Erfahrungen der Verbundenheit und Liebe als Aufscheinen unserer Tiefendimension, als Ausdruck von Buddha-Natur. Wir können, wenn wir uns einem Tun oder einer Begegnung hingeben, die Erfahrung von Verbundenheit als Ausdruck unserer Tiefendimension verstehen.

Wenn wir unsere Erfahrungen von Dankbarkeit, Liebe, Freude und Hingabe so interpretieren, werden wir nicht abhängiger von den Bedingungen, die dazu beitragen, sondern vertrauen mit jeder dieser Erfahrungen unserer inneren Fülle ein wenig mehr. Und damit wächst unser Vertrauen, dass wir fähig sind zu lieben und uns hinzugeben. Je mehr wir dieses Vertrauen in unsere Kräfte entdecken, desto mehr können wir auch anderen vertrauen. Nicht blind und naiv, sondern aus einer Erfahrung der Tiefendimension. Gleichzeitig sind und bleiben wir fähig, unsere relative Existenz in Zeit und Raum und die konkreten Bedingungen einer Situation wahrzunehmen und sie zu überprüfen, und so laufen wir nicht Gefahr, Menschen blind und naiv zu vertrauen und uns ausnutzen zu lassen.

Wenn wir Erfahrungen der Liebe und Verbundenheit als Ausdruck, als Aufscheinen unserer Fähigkeit zu lieben interpretieren, wächst unser Selbstvertrauen mit jeder dieser Erfahrungen. Wenn wir hingegen die Quelle des Glücks in Dinge, Umstände und Menschen »verlegen«, schneiden wir uns jedes Mal von der inneren Quelle des Glücks und der Verbundenheit ab. Dann setzen wir zu viele Grenzen, fühlen uns übertrieben getrennt, und wollen unseren Selbstwert durch den Besitz von Dingen und Menschen aufbauen. Aber genau durch diesen Ansatz – dieses und jenes haben und andere Dinge loswerden wollen – machen wir uns abhängig von Dingen und Menschen und fühlen uns schlecht, weil wir unser Selbstwertgefühl auf Sand bauen, auf unbeständige Dinge, Umstände und Menschen.

Ein beliebtes Bild vergleicht uns Menschen mit Wellen im Meer. Dieses Bild ist sehr vielschichtig und eine wunderbare Metapher. Wenn wir sie verstanden haben, hat sie uns bereits verwandelt. Dann sehen wir die Welt mit neuen Augen, dann sind wir fähig, unterschiedliche Perspektiven einzunehmen: die einer Welle, die des Meeres und die des Wassers.

Die erste Frage: Was ist eine Welle? Jede Welle ist einzigartig und bewegt sich nach bestimmten Gesetzen. Ihre Form bleibt für eine Weile gleich, es scheint die gleiche Welle zu sein, die aufs Ufer zuläuft, aber wenn wir genau hinschauen und überlegen, wissen wir, die Form bleibt zwar für eine Weile gleich, aber der Inhalt, die Wassertropfen, aus denen sie besteht, sind in jedem Augenblick andere.

Genauso vermitteln der Körper und die Gefühle, die Gedanken und Muster und unser Bewusstsein den Eindruck einer gleich bleibenden Person, aber wir wissen, dass sich alle Zellen des Körpers in sieben Jahren erneuern, und die Gedanken und Gefühle verändern sich noch schneller. Das ist *eine* Perspektive, die Perspektive der Welle, und zwar der klugen Welle, die erkennt, dass ihre Form eine Weile besteht, es aber keinen Wellenkern gibt, der immer gleich bleibt und sich in Wassertropfen kleidet.

Die zweite Frage: Was muss eine Welle tun, damit sie Teil des Meeres wird? Wir fühlen uns oft getrennt von anderen, von der Welt, von der Natur, ja sogar vom eigenen Körper und von unseren Gefühlen und Erinnerungen. Das Mahayana geht davon aus, dass das übertriebene Gefühl der Getrenntheit durch eine falsche Ansicht entsteht. Wir glauben bloß, wir seien getrennt von der Welt um uns herum. Aber ernsthaft gefragt: glauben wir wirklich, wir können aus der Welt herausfallen?

Wir leben mitten in einer Welt voller Menschen und Tiere, von Feldern und Flüssen, von Bergen und Tälern, in einer Stadt oder auf dem Land und auf dieser Erde. Wir fühlen uns vielleicht manchmal allein und verlassen. Wir halten uns nicht für fähig, tragende Beziehungen aufzubauen und aufrecht zu erhalten. Der Buddhismus geht davon aus, dass wir alle bereits verbunden sind und auch die Fähigkeit haben, das zu erkennen, das zu erleben. Das ist zunächst eine These, und wir können mit ihr spielen. Das Bild von der Welle, die ein fester Bestandteil des Meeres ist, kann uns helfen, die grundsätzliche, essentielle Verbundenheit mit allem und allen zu erkennen und mit allen Sinnen nachzuvollziehen.

Und die dritte Frage: Was muss eine Welle tun, damit sie Wasser wird? Welche Übungen muss sie machen, welche Lehren muss sie studieren, was muss sie alles leisten, damit sie endlich, endlich Wasser wird? Die Antwort ist einfach: Sie muss es nur erkennen. Wasser ist eine Metapher für Buddha-Natur. Jede einzelne Form besteht aus Buddha-Natur, aus lebendigem Raum, aus unfassbarem Gewahrsein. Darin sind wir uns alle gleich, alle Wellen im Meer. Wir können diese uns allen gemeinsame Dimension entdecken, wenn wir verstehen, dass wir alle Wasser sind.

Das ist das Wunderbare an Metaphern. Sie können etwas auf den Punkt bringen, was wir noch nicht verstehen. Und wenn der rechte Moment da ist, geht uns ein Licht auf. Wenn die Botschaft ankommt, spüren wir eine Welle von Energie im Körper. Verstehen befreit Energie, auch im Körper. Wir fühlen uns voller Energie, wenn wir etwas verstehen. Und wenn die Botschaft noch nicht angekommen ist, dann lassen wir das Bild von Welle, Meer und

Wasser immer wieder auf uns wirken. Es hat schon vielen Menschen die Augen und das Herz geöffnet, und plötzlich war alles sonnenklar.

Es gibt Wellen im Meer. Es gibt Grenzen. Jede Welle ist einzigartig. Jeder Mensch ist einzigartig. Wir können unsere Bedingtheit erkennen, spüren und vermitteln. Wir wissen, zumindest mehr oder weniger, was wir gerade können und nicht können, was wir wissen und nicht wissen. Wir fühlen uns anders als andere. In mir steigen andere Impulse auf als in dir. Wir sind immer eine ganz spezielle Welle im Meer des Lebens. Es gibt Wellen im Meer. Es gibt Grenzen.

Aber wir wissen, dass wir niemals eine vom Meer abgetrennte Welle sind. Alle Wellen gehören zum Meer, und wir fühlen uns verbunden mit allen Wellen im Meer. Wir fühlen uns in der relativen Dimension verbunden, weil wir alle zum gleichen Meer gehören, und wir fühlen uns in der Tiefendimension verbunden, weil wir wissen, wir sind alle Wasser. In der Liebe und Hingabe erleben wir Vertrauen und fühlen uns angenommen. Aber Liebe und Vertrauen können nur aufscheinen, wenn wir uns bereits verbunden fühlen.

Wenn die Grundlage unseres Lebensgefühls Verbundenheit ist, entstehen Liebe, Vertrauen und Hingabe von alleine. Ist die Grundlage ein übertriebenes Gefühl der Getrenntheit, entstehen aufgewühlte Emotionen, Anhaftung, Angst und Misstrauen. Die Aufmerksamkeit für unsere Tiefendimension stärkt das Gefühl des inneren Reichtums, und Achtsamkeit ist der Zipfel Buddha-Natur in unseren Händen.

Das Bild von der Welle, dem Meer und dem Wasser kann uns immer wieder zu einem Perspektivenwechsel inspirieren. Einmal schauen wir vom begrenzten Standpunkt der Welle auf das Meer und freuen uns an der Einzigartigkeit unserer Form und der der anderen. Wir genießen die Pluralität der Wellen. Ein anderes Mal betrachten wir das Leben vom Standpunkt der manifesten Welt, vom Standpunkt der ganzen Schöpfung, vom Standpunkt des Meeres und ahnen, dass die Welt ist, wie sie ist, und können damit Frieden schließen. Und schließlich werden wir uns des lebendigen Raumes inne, in dem alles geschieht, und dann ist alles gut.

Wir sind fähig zu Hingabe und Liebe, und das kann sich in schöpferischen Begegnungen voller Wertschätzung und Achtung äußern, und in solchen Momenten können wir unsere Tiefendimension fast mit Händen greifen. Wir sind dann fähig, Unterschiede und Grenzen klar zu erkennen, ohne in blinde Aggression zu regredieren. Das ist immer dann möglich, wenn wir uns gleichzeitig verbunden und geborgen fühlen. Sexuelles Verlangen und Aggressionen können uns daran erinnern, dass wir fähig sind, unsere Verbundenheit zu spüren und gleichzeitig unsere Unterschiede zu erkennen. Dann verstehen wir: Grenzen sind Berührungslinien.

Können wir uns hingeben und Grenzen spüren und setzen, können wir gut alleine sein, uns aber auch auf andere Menschen einlassen. Und beides ist wichtig, denn das Leben ist eine Gratwanderung zwischen: »mit mir« und »mit anderen« sein können.

7. Ich und die anderen

Freundschaft mit sich selbst und Offenheit für andere

Luise Reddemann

Es wird häufig betont, dass es wichtig ist, allein sein zu können, gleichzeitig wird aber auch beklagt, dass es immer mehr Singles gebe und manche weisen auch darauf hin, dass Singles letztlich nicht glücklich sind und alle darauf warten, einen Partner zu finden.

Auch in früheren Zeiten gab es Singles, sie wurden nur anders genannt. Alleinstehende Männer nannte man z.B. »Hagestolze«, alleinstehende Frauen »alte Jungfern«, beides sind nicht sehr schmeichelhafte Bezeichnungen. Alleinstehende Frauen wurden früher mit »Fräulein« angeredet, wobei ersichtlich ist, dass die allein stehende Frau durch diese Verkleinerungsform noch mehr abgewertet wurde.

Ich erinnere mich an eine Nenntante meiner Kindheit, die alleine lebte, und ich fand es wunderbar mit ihr. Sie hatte, wenn ich sie besuchte, uneingeschränkt Zeit für mich. Von solchen Tanten und Onkeln habe ich von vielen gehört, sie waren zumindest für die Kinder sehr wichtig und viele dieser alleinstehenden Menschen machten einen zufriedenen Eindruck.

Was zugenommen hat, ist die Vereinzelung und tatsächlich haben Alleinstehende heute auch weniger Gelegenheit, sich um Kinder zu kümmern, selbst wenn sie es wollten.

Als Ideal stellen sich viele vor, allein zu sein und mit anderen zusammen sein zu können, wenn man es möchte.

Wenn wir in Not sind, brauchen wir die Hilfe anderer, brauchen wir eine Gemeinschaft, die uns trägt. Um diese Gemeinschaft zu haben, muss man heute mehr tun als in früheren Zeiten, wo die Familie häufig dieser Halt war.

Die Voraussetzung, um gut mit anderen leben zu können, ist, gut mit sich allein sein zu können.

Innehalten:
Machen Sie eine Liste all dessen, was Sie sich von einem geliebten Menschen wünschen.
Was davon haben Sie selbst?
Kann es sein, dass Sie sich von anderen erhoffen, dass sie die Leerstellen ausfüllen, von denen Sie glauben, Sie könnten Sie nicht selbst ausfüllen?

Dies verweist wieder auf die Mangelidentität. Dabei sind wir von Geburt an mit so vielem ausgestattet, dass wir eigentlich ganz gut mit uns allein sein könnten. Ein Neugeborenes kann z. B. von sich aus vom Bauch der Mutter zur Brust robben, es kann Gesichter nachmachen und so Kontakt herstellen. Dieser Winzling kann also schon ganz gut für sich sorgen und ist nicht so hilflos, wie man früher meinte. Zweifellos sind Neugeborene und auch noch ältere Babys und Kinder auf liebevolle Zuwendung angewiesen, das habe ich ja oft genug betont, aber ganz und gar hilflos sind sie durchaus nicht. Nach und nach entwickelt jedes Kind eine Menge Fähigkeiten, Fertigkeiten und Stärken, um immer besser für sich selbst zu sorgen.

Früher fand man es normal, dass Vierzehnjährige sich auf Wanderschaft als Handwerksburschen begaben, dass sie, wenn sie Mädchen waren, heirateten. Die Kindheit war viel kürzer als heute. Johann Sebastian Bach wanderte als Vierzehnjähriger von Ohrdruf in Thüringen nach Lüneburg, um dort in St. Michael zur Schule gehen zu können. Seinen

Unterhalt wollte er sich als Chorknabe verdienen, niemand scheint daran Anstoß genommen zu haben. Man muss das nicht verherrlichen, aber wir können uns fragen, ob es sein kann, dass wir Kindern zu wenig zutrauen. Das hätte dann auch wieder Auswirkungen auf den erwachsenen Menschen, der sich immer noch zu wenig zutraut. Es geht also in der Entwicklung um Fördern und Fordern, oder Folgen und Führen, wobei das Folgen und Fördern einen größeren Raum einnehmen sollte als das Führen und Fordern. Fordern möchte ich auch lieber als Zutrauen umschreiben. Eltern sollten, bei aller Sorge und Fürsorge, ihrem Kind so viel Freiraum wie möglich einräumen, ihm viel zutrauen und auch ein gewisses Wagnis eingehen. Schön sind auch die Erfahrungen von Gerald Hüther und seinen Mitarbeitern, die mit erziehungsschwierigen Jungen in die Berge gingen. Dort mussten die Jungen für alles selbst sorgen, ein herausforderndes Leben führen also, es gab keinen Strom, Wasser nur im Bach, sie kochten selbst usw. Die Jungen erhielten jedoch sehr viel Zuwendung, sie konnten erfahren, dass sie anerkannt und geliebt waren. Das wiederum hat einige Eltern verärgert. So einfach sollte das sein?! Es ist einfach, und es kann sehr schwierig und schwer sein.

Und für unsere Überlegungen hier gilt, dass fast alles, was früher gefehlt hat, im eigenen Inneren nachgeholt werden kann. Und sogar teilweise im Außen. Dies dürfte z.B. der Sinn von Abenteuer-Workshops sein, vielleicht auch von Dschungelcamps, wer weiß. Man erfährt von Möglichkeiten, die in einem stecken, von denen man zuvor nichts bemerkt hat, denn die Möglichkeiten wurden noch nie herausgefordert und damit auch nicht gefördert.

Mary Daly, die große Kämpferin für Gleichberechtigung, hat einmal, als es um mutiges Verhalten von Frauen ging, gesagt, Selbstvertrauen sei wie Skifahren, man müsse es üben.

Dinge, die wir nie tun bzw. getan haben, können wir nicht einfach können. Wenn wir nie allein waren, dürfte es schwierig sein, damit gut fertig zu werden. Und es wäre günstig, sich in kleinen Dosen daran zu gewöhnen. Obwohl ich gut allein sein kann, finde ich es z.B. schön, in ein Schweigeretreat zu gehen. Man ist allein und doch nicht allein, das kann eine heilsame Erfahrung sein.

Ich habe weiter oben gefragt, ob es sein kann, dass Sie von anderen erwarten, dass sie Ihre Leerstellen ausfüllen. Ich möchte deutlich machen, dass es ein günstigerer Weg ist, diese Leerstellen zu entdecken und selbst zu füllen, so dass man als erfüllter Mensch einem anderen begegnen kann: Aus so viel innerer Fülle heraus, nicht aus Mangel.

Innehalten

Betrachten Sie Ihre verschiedenen Beziehungen unter dem Aspekt, mit wem Sie sich mehr erfüllt fühlen, mit wem weniger, mit wem gar nicht? Wie erklären Sie sich die Unterschiede?

Paartherapeuten empfehlen, dass man sich ums Alleinsein und vor allem ums gut Alleinseinkönnen bemühen soll, um in einer Partnerschaft glücklich zu sein.

Aus meiner Sicht wird allerdings zu wenig daran gedacht, dass man auch noch mit anderen Menschen als mit dem Partner oder der Partnerin in erfüllenden Beziehungen leben kann. Freundschaften z.B. können ein großes Glück bedeuten. In früheren Jahrhunderten wurde Freundschaften eine höhere Bedeutung beigemessen als der Ehe, die mehr als eine Zweckgemeinschaft gesehen wurde. Montaigne hat einen Essay über die Freundschaft geschrieben, der so voller Begeisterung ist, dass es mir wie ein Lobgesang auf eine Liebesbeziehung klingt. Es kann auch beglückend sein, sich kurzfristig ganz auf einen Menschen einzulassen, z.B. im Zug. Letztlich erinnert uns jede Begegnung mit einem Menschen, ob kurz oder lang, flüchtig oder intensiv, daran, dass wir verbunden sind, also nicht allein, oder im genauen Wortsinn eins mit allem, wenn wir uns das nur vorstellen wollen.

Deshalb liebe ich eine Übung, in der man sich immer wieder bewusst macht, mit wie vielen Menschen im jeweiligen Augenblick man verbunden ist.

Innehalten:

In welcher Situation befinden Sie sich gerade? Ausgehend vom Jetzt können Sie überlegen, mit wem Sie diese Situation verbindet, ja, wem Sie es verdanken, dass Sie sich jetzt in diesem Augenblick mit diesem und jenem beschäftigen können.

Ich z.B. schreibe jetzt für Sie diesen Text. Das verbindet mich mit Sylvia Wetzel, die auch daran arbeitet, mit unserer Lektorin im Verlag. Es verbindet mich mit unzähligen Menschen, von denen ich gelernt habe, beginnend bei meinen Eltern und Geschwistern, führt mich zu meinen Lehrerinnen und Lehrern von der Grundschule bis zur psychoanalytischen und weiteren Ausbildungen. Ich denke dankbar an meine KollegInnen, mit denen ich mich auf das Staatsexamen vorbereitet habe und an die, die mit mir für die diversen anderen Prüfungen gearbeitet haben. Und so geht es immer weiter. Auch die Menschen, die meinen PC gebaut haben und die mir helfen, mit ihm klar zu kommen, sind da und ich bin ihnen dankbar.

Allein sind wir genau genommen nie wirklich, man könnte sagen, ich bin mit mir allein. Und wie viele sind in mir, mit denen ich in einen Austausch gehen kann und die nur darauf warten, dass ich sie wahrnehme. Je mehr ich mein »inneres Team« wahrnehme und mit ihm zusammen arbeite, desto leichter fällt es mir, mit anderen zu sein.

Mit anderen sein, erfordert für ein gedeihliches Zusammenleben vor allem den Respekt vor deren Andersheit. Psychologische Theorien verleiten manchmal dazu, anzunehmen, dass alle Menschen mehr oder weniger gleich sind. Das halte ich für einen Irrtum. Es gibt einige Grundthemen, die uns alle begleiten, Liebe und Tod zum Beispiel, aber es gibt Millionen von Arten, mit den Grundthemen umzugehen, als Individuen und als Angehörige einer Kultur. Wie schnell sind wir bereit, etwas abzulehnen und sogar für schlecht zu halten, nur weil es nicht in unser Vorstellungsraster passt. Und wie bereichernd kann es sein, sich für andere Lebensformen zu öffnen. Da bietet unsere heutige Zeit so unendlich viele Möglichkeiten, wie man sie sich noch vor fünfzig Jahren kaum vorstellen konnte. Wir können diese Chance nutzen.

Noch in den 1950er und 1960er Jahren war es eine »Weltreise«, eine Reise in eine fremde, andere Welt, die mit allerhand Mühen verbunden war, wenn man nach England oder Frankreich fuhr.

Das erscheint vielen heute nichts Besonderes, ja, sogar nach Thailand oder Südamerika zu reisen, gilt als nichts Besonderes. Fernes und Nahes steht uns mehr denn je zur Verfügung, so dass wir unsere Verbundenheit mit der ganzen Welt erfahren können.

Es ist ein Paradox, dass wir sehr vieles von der Welt in uns haben, so dass wir auch »zu Hause« bleiben können, und dass wir dennoch die Welt entdecken möchten. Beides gehört untrennbar zusammen. Manche brauchen den einen Menschen und fühlen sich damit wohl, andere mögen sich auf viele verschiedene Menschen einlassen. Liebe findet ganz gewiss nicht nur in partnerschaftlichen Beziehungen statt. Man kann es sich sehr schwer machen, wenn man sich allzu sehr auf diese Art des Zusammenseins festlegt. Und doch ist es für manche genau der richtige Weg. Auch das sei betont!

Weiter oben habe ich gesagt, dass Menschen für ein gutes Leben auch Achtung vor anderen brauchen, deshalb ist die eigene Würde untrennbar mit der Achtung der Würde anderer verbunden; wenn wir andere entwürdigen, rauben wir uns auch selbst unsere Würde.

Darum halte ich es im Umgang mit anderen für unerlässlich, dass wir deren Würde achten. Es bedrückt mich, wie verächtlich in den Medien mit anderen Menschen umgegangen wird, so dass junge Leute hier lernen, dass es keine Rolle spielt, wenn man entwürdigend miteinander umgeht, ja, dass man eher Karriere macht, wenn man das auf Kosten anderer und deren Entwürdigung tut. Die buddhistische Empfehlung der »rechten Rede« und dass man nichts tun soll, was Leiden vermehrt, halte ich daher für eine wichtige Orientierungshilfe.

Je älter ich geworden bin, desto mehr unterschiedliche Menschen sind in mein Leben getreten.

Mir wurde gesagt, man könne nur in der Jugend Freundschaften schließen, die späteren hätten nicht die Tiefe wie die frühen. Das entspricht in gar keiner Weise meinen Erfahrungen. Ich habe mich während meines ganzen Lebens immer wieder neu und intensiv befreundet. Manche Freundschaften halten schon sehr, sehr lange, andere sind dazu gekommen, einige gingen zu Ende.

Der persische Dichter Rumi besingt die Freundschaft (mit Gott) so:

Solang das Bild des Freundes
uns begleitet
ist uns ein Anblick gewährt,
der uns erfreut durchs ganze Leben.
Wo das Herz Erfüllung findet,
ist ein Dorn
teurer als tausend Datteln....
Was soll ich weiter sagen:
Auch das Nichts
Verwandelt sich in Leben
Wenn wir seinen Namen nennen.

(in: Scharf, K. [Hg.] Die schönsten Gedichte aus dem klassischen Persien. München 1998)

Freundschaft mit Gott erscheint mir durchaus bedeutsam. Die Psychoanalytikerin Margarete Mitscherlich hat gesagt, sie glaube nicht an Gott, aber sie spreche mit ihm, denn man brauche jemand, mit dem man reden könne.

Da können sich dann viele Bilder einstellen, Psychotherapeuten würden das Projektion nennen, schon Meister Eckhart hat gesagt, dass Gott nur durch uns existieren könne.

Wir können diesen Gedanken eher nachvollziehen. Ob man an Gott glaubt oder nicht, eine Vorstellung von jemand oder etwas, das größer ist als wir selbst, kann uns helfen, uns gehalten und getragen zu fühlen. Und wer bräuchte das nicht?

Offenheit halte ich für einen Akt der Liebe. Nur wenn wir offen sind, können wir lieben, offen für uns selbst und für die Welt.

Der vor wenigen Jahren verstorbene amerikanische Philosoph Richard Rorty wünschte sich eine Zukunft, in der »Liebe das einzige Gesetz« sei. Vielleicht sei das schon »im nächsten Jahrtausend möglich.« Er meinte damit unser drittes Jahrtausend. Eine schöne Utopie.

Jede und jeder Einzelne von uns kann sich wünschen, eine große Liebende, ein großer Liebender zu werden. Im Gehen dieses Weges werden uns oft Wut, Angst und Verzweiflung packen. Sollte uns das daran hindern, unser Menschsein noch mehr zu lieben? Es kann auch genau anders sein, wenn wir das wollen.

Geborgen und frei – allein und mit anderen

Sylvia Wetzel

Es gibt keine ewigen Geschlechterrollen. Daher brauchen wir Beziehungen zum eigenen und zum anderen Geschlecht, damit wir getrennt und zusammen herausfinden, wie wir leben wollen.

Wir Menschen sind ein wandelndes Paradox: Wir sind Individuen und soziale Wesen. Als Individuen wollen wir uns entfalten, und als soziale Wesen wollen wir uns zugehörig fühlen und wir brauchen Geborgenheit. Bis vor wenigen Generationen fühlten sich Menschen aufgehoben *und* eingeengt durch Blutsfamilie und Gemeinde, durch Stand und Beruf, durch Geschlechterrollen und gemeinsame Werte. Wir genießen heute unsere größere Freiheit von sozialen Zwängen, bezahlen diese Freiheit aber auch mit Unsicherheit, instabilen Partnerschaften und Einsamkeit.

Unser Selbstbild wird nicht mehr primär von kollektiven Strukturen und Werten geprägt. Viele Menschen leben als Erwachsene weder mit ihrer Herkunftsfamilie zusammen noch an dem Ort, an dem sie geboren wurden. Wir arbeiten vielleicht im zweiten oder dritten Beruf, in der Regel aber nicht mehr an unserer ersten Arbeitsstelle. Wenn wir in einer größeren Stadt leben, fühlen wir uns vielleicht in unserem Viertel zuhause, aber meist sind die Beziehungen unverbindlicher als in einer Kleinstadt oder in einem Dorf. Im… weniger Menschen leben in engem Bezug zu ihrer …gemeinde, und kaum jemand orientiert sich an den … wenn es um die Definition der Geschlechterrollen geht. Wir haben also sehr viel Freiheit, sehr viel Raum – und wenig Orientierung.

Wir genießen Momente des Alleinseins, weil wir allein sein dürfen. Bis zum 17. Jahrhundert war selbst in Europa kaum jemand je alleine, auch nicht die »höheren Stände«, sagt der kanadische Philosoph Charles Taylor. Alleinsein war früher nur eine Vorliebe und ein Privileg der Einsiedler, denn selbst die Mönche und Nonnen lebten in der Regel in einem Kloster. Wir dürfen heute allein sein, aber viele Menschen fühlen sich auch einsam.

Wir brauchen andere Menschen wie die Luft zum Atmen. Wir brauchen sie in der Kindheit, um ganz Mensch zu werden, und das ganze Leben, um ganz Mensch zu bleiben. Denn wir sind ein wandelndes Paradox: Individuen und soziale Wesen. Wir brauchen natürlich auch Phasen des Alleinseins. Aber die Pflege unserer Beziehungen scheint derzeit die größere Herausforderung.

Gerade in Zeiten des rasanten sozialen Wandels brauchen wir langfristige Beziehungen, wir brauchen Menschen, mit denen wir uns fallen lassen können und Geborgenheit erleben. Und wir brauchen das kontinuierliche Gespräch mit anderen über unsere gemeinsame Welt, über das gute Leben und die Werte, die uns Orientierung geben sollen. Wir brauchen die Begegnung und den Austausch mit Menschen im Plural, weil wir sonst in Phasen der Verunsicherung lieber einen Schritt zurück in feste Gefüge machen wollen. Es gibt immer mehr politische und religiöse Sekten mit fundamentalistischen Ansichten, und das ist ein Ausdruck dieser Rolle rückwärts in alte Sicherheiten.

Aber wir können die kulturelle Uhr nicht zurückdrehen, wir können nicht mehr zurück in traditionelle Strukturen, denn wir sind individueller geworden, wir lieben unsere Freiheit und Selbstbestimmung. Das zeigt sich überall, auch in der arabischen Welt, in den muslimisch geprägten Gesellschaften. Auch dort setzen sich Menschen unter Lebensgefahr für ein selbstbestimmtes Leben mit politischen und kulturellen Freiheiten ein. Wir müssen neue Weisen des Begegnens entdecken, erfinden, ausprobieren. Ich möchte hier zwei Ansätze vorstellen: *erstens* sechs Beziehungen und eine Einsicht und *zweitens* den Zusammenhang von Freiheit, Austausch, Denken und Muße.

Weil uns traditionelle Geschlechterrollen und Berufsbilder, Standesvorstellungen und Ideen einer Leitkultur nicht mehr inspirieren oder uns selbst dann, wenn wir sie richtig finden, kaum mehr tragen, stehen wir vor der Herausforderung, uns selber Gedanken zu machen, wer wir sein und wie wir leben wollen. Alle individuellen und kollektiven Rollen und Selbstbilder entstehen letztlich bedingt. Sehr viele Faktoren wirken dabei mit, und alle sind unbeständig, auch wenn einige Vorstellungen oder klimatische und kulturelle Umstände über Jahrzehnte oder sogar Jahrhunderte mehr oder weniger gleich blieben und bleiben.

Damit wir uns nicht in den vielen Möglichkeiten verlieren, brauchen wir Beziehungen. Wir lernen im Zusammenleben und -arbeiten, im nonverbalen Zusammensein und im Austausch, wer wir sein wollen und können. Mit Einsicht meine ich die Einsicht in die Relativität und Bedingtheit aller Rollen und Selbstbilder. Unter Beziehungen verstehe ich horizontale, vertikale und transzendentale Beziehungen zu Menschen, die uns ähnlich und die anders sind als wir. Ich möchte das am Beispiel von Geschlecht und Kultur aufzeigen.

Wir brauchen als Mädchen und Frauen drei Arten von Beziehungen zum eigenen Geschlecht und drei Arten von Beziehungen zum anderen Geschlecht: symbolische

Schwestern, symbolische Mütter oder Vorbilder und ein Bild oder Bilder der Transzendenz im eigenen Geschlecht. Wir brauchen von der Wiege bis zur Bahre Freundinnen, Lehrerinnen und Vorbilder und – falls wir eine religiöse Ader haben – ein weibliches Gottesbild oder weibliche Buddhas.

Im Kontakt mit der Vielfalt weiblicher Lebensentwürfe finden wir heraus, was für eine Frau wir sein wollen. Dabei unterstützen und stärken uns Frauen, von denen wir gerne lernen, die uns Vorbild oder symbolische Mütter sind. Denn wenn wir von Frauen lernen können, stärken wir unser Vertrauen, dass auch wir etwas wissen und weitergeben können. Und schließlich können uns weibliche Gottesbilder – für katholische Christen die »Muttergottes«, und für Buddhisten weibliche Buddhas wie die Grüne Tara oder Kuan Yin – einen Horizont eröffnen, »der uns hilft zu werden«, wie die französische Analytikerin und Philosophin Luce Irigaray es formuliert. Ein freies weibliches Bild der Transzendenz kann uns so vielleicht dabei unterstützen, enge Vorstellungen über Frausein zu hinterfragen.

Auf der Grundlage einigermaßen stabiler und vertrauensvoller Beziehungen zum eigenen Geschlecht werden auch die Beziehungen zum anderen Geschlecht produktiv. Dann können wir liebevolle und respektvolle Arbeitsbeziehungen und Freundschaften zu Männern erleben und von Männern lernen, ohne vertikale Beziehungen als Kränkung und strukturelle Unterlegenheit zu erleben. Dann kann auch ein männliches Gottesbild dazu beitragen, unsere Vorstellungen darüber, wie Männer sind und sein sollen zu sprengen.

Das Gleiche gilt für Männer. Auf der Grundlage vertrauensvoller Beziehungen zum eigenen Geschlecht – horizontal, vertikal, transzendental – werden Beziehungen zu Frauen fruchtbar und konstruktiv. Wir können mit diesem

Modell untersuchen, welche Art von Beziehungen wir kennen und welche Beziehungen in unserem Leben fehlen. Wir können mit der Untersuchung unserer horizontalen und vertikalen Beziehungen zum eigenen und zum anderen Geschlecht beginnen und es bei Bedarf erweitern, um ein Gottesbild oder andere Bilder der Transzendenz, die Bedeutung für uns haben.

Wir können das gleiche Modell auf kulturelle Unterschiede und Gemeinsamkeiten anwenden. Für mich ist das ein Schlüssel zum Verständnis und zur Verbesserung der Beziehungen zwischen Menschen aus unterschiedlichen Kulturen. Wir brauchen also Beziehungen zu Menschen aus unserem eigenen Kulturraum – horizontal, vertikal – und auch transzendental, wenn das eine Rolle in unserem Leben spielt. Auf dieser Grundlage können Beziehungen zu Menschen aus anderen Kulturen fruchtbar werden. Für mich ist dieses Modell auch ein Schlüssel für den interreligiösen Dialog, den ich seit vielen Jahren mit Freude und Interesse pflege.

Sie können anhand dieses Modells auch andere Bereiche Ihres Lebens untersuchen, in denen Unterschiede eine große Rolle spielen: Schichtzugehörigkeit, Alter, politische Ausrichtung, Krankheit und Gesundheit usw. Wenn Sie beruflich mit Menschen arbeiten, können Sie zusammen untersuchen, durch welche Beziehungen Sie sich unterstützt fühlen und welche Beziehungen in Ihrem Leben fehlen, und zwar im Hinblick auf Alter, Geschlecht, Kultur, Religion, Schicht usw.

Beziehungen einzugehen und sie aufrechtzuerhalten, sie zu pflegen ist nicht einfach. Weil wir uns nach Freiheit und Selbstbestimmung sehnen, sind wir oft nicht bereit, uns auf Menschen, die anders denken, einzulassen. Nur im Kontakt zu Menschen, die uns ähnlich und zu Menschen, die anders sind, finden wir heraus, wie wir leben und was für ein Mensch wir sein wollen. Wir brauchen diese Kontakte das ganze Leben lang.

Was haben nun Denken und Austausch, Muße und Freiheit miteinander zu tun? Zwei für mich entscheidende Argumente hat die politische Philosophin Hannah Arendt formuliert. Sinngemäß sagt sie: Zum Denken müssen wir allein sein. Wenn wir aber das, was wir denken, nicht mit anderen austauschen, verlieren wir über kurz oder lang die Fähigkeit zu denken. Und: zum Selberdenken brauchen wir Muße. Wenn wir unser Leben in Freiheit und mit Selbstbestimmung führen wollen, müssen wir darüber nachdenken, was wir für wichtig halten und was für ein Mensch wir sein wollen. Wir lernen selber denken, wenn wir uns immer wieder fragen, was uns wichtig ist, was uns am Herzen liegt.

Wenn wir uns nicht mehr an traditionellen Werten und Rollen orientieren oder selber entscheiden möchten, welche der überlieferten ethischen Werte wir leben wollen, dann müssen wir über unser Leben nachdenken. Und zum Nachdenken brauchen wir Muße. Wenn wir unter Druck stehen oder Angst haben, krank sind oder aufgeregt, dann fallen wir auf eingefahrene Verhaltens- und Denkmuster zurück. Wenn wir das, was andere vor uns gedacht haben, überprüfen wollen, brauchen wir Muße. Und Muße bedeutet, frei zu sein von äußeren und inneren Zwängen. Wir brauchen also Muße, damit wir nachdenken und unsere Prioritäten und Lebensziele infrage stellen und überprüfen können. Und wenn wir dann zu bestimmten Schlüssen gekommen sind, brauchen wir Menschen, mit denen wir sie im freien und offenen Gespräch weiter überprüfen.

Hannah Arendt sagt, der Verstand stellt beantwortbare Fragen, die zu verwertbarem und nützlichem Wissen für unser praktisches Leben führen. Die Vernunft stellt unbeantwortbare oder existentielle Fragen, die wir nur mit unserem Leben selbst, mit unserem Denken, Reden und Tun beantworten können. Diese existentiellen Fragen stiften Sinn.

Wir können uns immer wieder überlegen, was uns wichtig ist, und dann die Fragen und die Antworten im Herzen bewegen. Im fünften Kapitel habe ich die drei Arten des Lernens oder der Einsicht vorgestellt. Sie zeigen, wie wir existentielle Fragen stellen und die Antworten in unser Leben integrieren können. Eine Faustregel besagt, dass eine Frage dann wichtig ist, wenn die Antwort einen Unterschied für unser Leben macht. Vielleicht inspiriert Sie die folgende Übung dazu, Ihre eigenen Fragen zu formulieren.

Innehalten:

Welche beantwortbaren Fragen beschäftigen mich derzeit? Welche unbeantwortbaren Fragen bewegen mich? Seit wann? Mit wem kann und mag ich darüber sprechen? Welche Fragen waren vor zehn, zwanzig, dreißig Jahren wichtig? Als ich zwanzig, fünfzehn, sieben Jahre alt war? Mit wem konnte ich damals diese Fragen besprechen? Wer bin ich? Was für ein Mensch möchte ich sein? Was ist ein gutes Leben für mich? Was soll ich tun? Was ist der Sinn meines Lebens? Jetzt, heute? Was war der Sinn meines Lebens vor zehn, zwanzig, dreißig Jahren? Welche Beziehungen sind derzeit wichtig? Was teilen wir miteinander? Was teilen wir nicht miteinander? Welche Beziehungen waren früher wichtig?

Menschen sind unterschiedlich und brauchen unterschiedliche Beziehungen und auch ein unterschiedliches Zusammenspiel zwischen Alleinsein und Kontakt, Stille und Austausch. In Asien waren die Menschen zu Buddhas Zeiten sehr stark in ihren kollektiven Strukturen verwurzelt. Da löste die Aufforderung des Buddha, sich aus der Familie herauszulösen, alleine in die Berge zu gehen oder sich in die Wälder zurückzuziehen und zu meditieren, vermutlich einen starken Individualisierungsschub aus. Hören einsame Menschen in der Großstadt diese Botschaft, führt sie uns in die Irre. Wir brauchen Momente des Alleinseins, vor allem aber tragfähige und stabile Beziehungen. Wir brauchen Menschen, mit denen wir uns geborgen und zu Hause fühlen, mit denen wir uns austauschen, über die gemeinsame Welt und darüber, was für Menschen wir sind und sein wollen.

Wir brauchen in allen Lebensphasen tragfähige Beziehungen zu anderen Menschen, ganz besonders aber auch dann, wenn wir älter werden. Liebe hält jung, heißt es, und das gilt für jede tiefe Beziehung. Damit kommen wir zum Thema »Älter und alt werden und jung bleiben«. Darüber gibt es jede Menge Vorurteile, aber es ist auch eine Lebensphase, in der wir die große Freiheit entdecken können.

8. Älter werden und jung bleiben

Müssen wir uns vor dem Alter fürchten?

Luise Reddemann

Als ich etwa 45 Jahre alt war, las ich, dass unsere Einbildungskraft dazu führe, dass wir ein Bild vom Alter als einer Zeit hätten, in der wir krank und schwach seien. Wir könnten uns aber auch kraftvoll und lebendig im Alter imaginieren. Diese Zeilen fallen mir jetzt immer häufiger ein. Damals fand ich sie nicht so wichtig, jetzt sehe ich in ihnen eine große Chance.

Die Wissenschaft bestätigt, dass unsere Vorstellungen von den Dingen etwas bewirken können. Warum also nicht Bilder vom Altern und Altwerden entwickeln, die uns helfen, so kraftvoll wie möglich zu sein, zu bleiben oder zu werden, vorausgesetzt, wir wollen es.

Der Psychotherapeut Gunther Schmidt hat einmal von einer Untersuchung erzählt, wonach Menschen, die sich eine Weile mit Alter beschäftigen – und dies offensichtlich auf eher defizitorientierte Weise, anschließend langsamer und schleppender gehen, eben so, wie man sich alte Menschen vorstellt. Man hat das wohl in einem kleinen Forschungsexperiment so feststellen können. Stellen Sie sich vor, nur dadurch, dass wir uns gedanklich in eher negativer Weise mit Altsein beschäftigen, kann herauskommen, dass unser Körper die entsprechenden Imaginationen gleich umsetzt!

Als ich meinen 68. Geburtstag gefeiert habe, dachte ich an meine Großmutter, die nur 43 Jahre älter war als ich, das heißt, als sie 68 Jahre alt war, war ich 25. Ich stand kurz vor meinem medizinischen Staatsexamen in einer Zeit des Aufbruchs 1968. Wie uralt erschien mir da meine Großmutter! Und fühle ich mich jetzt uralt? Nein. Wohl kaum eine Frau fühlt sich heute mit 68 uralt, und ich würde gerne meine Großmutter fragen können, ob sie sich »uralt« fühlte. Ich vermute, dass das nicht der Fall war, denn wenn ich mich an sie erinnere und Fotos von ihr betrachte, erscheint sie keinesfalls »uralt«. Dennoch kann niemand bestreiten, dass wir heute »länger jung bleiben«. Großeltern und Enkelkinder sind einander häufiger näher als das früher im Allgemeinen der Fall war. Die Kluft zwischen den Generationen scheint kleiner geworden zu sein.

Manchmal scheint es auch gar nicht so leicht zu sein zu akzeptieren, dass es dennoch große Unterschiede gibt und dass das auch gut ist.

Heute denke ich, dass bestimmte Erfahrungen ihre Zeit brauchen, die man nicht verkürzen kann, und dass dies auch trennt. Aber stimmt das wirklich? In der Geschichte »Oskar und die Dame in Rosa« vermag Oskar es ja, sich vorzustellen, wie er in jeweils einem Tag ein Jahrzehnt älter wird. Das hilft ihm, »mit 90« friedlich zu sterben. Eine schöne Geschichte – und wenn sich die einer ausdenken kann, dann geht es vielleicht doch, dass man früh viel vorweg nehmen kann. Eine hilfreiche Imagination ist auch, dass man sich sein uraltes Ich vorstellt und es um Rat fragt. Viele Menschen haben von dieser Imaginationsübung profitiert. Vielleicht braucht es sowohl das eine wie das andere, und vielleicht fühlt es sich doch anders an, wenn man ein bestimmtes höheres Lebensalter erreicht hat, als wenn man es sich in jüngeren Jahren vorstellt.

In einem Seminar mit Kollegen, die im Rentenalter waren, gab es zwei Fraktionen: Die einen waren mit ganz anderen Dingen beschäftigt und froh, dass ihre Berufstätigkeit zu Ende war, sie sahen in ihrem ganz anderen Leben eine Chance, vieles zu erleben, was früher nicht ging, und die andere Hälfte wollte gerne mit dem Beruf mehr oder weniger intensiv weitermachen, aber bei allen war eine Entwicklung erkennbar, alle freuten sich auch auf Neues, Anderes oder Andersartiges.

Mir scheint es wichtig, dass wir nicht damit einverstanden sind, dass Altwerden immer wieder nur mit Verlusten assoziiert wird. Es gibt diese Verluste, aber in gleichem Maße können auch Gewinne dazu kommen. Viele Menschen werden im Alter gelassener, nehmen die Dinge mehr, wie sie sind, freuen sich mehr an den »kleinen Dingen«. Viele Alte besitzen ein höheres Maß an seelischer Widerstandkraft, weil sie schon sehr oft erfahren haben, dass sie mit schlimmen Erfahrungen fertig werden konnten und sie akzeptieren leichter als junge Menschen ihre Grenzen. Dies und noch mehr halte ich für einen Gewinn.

Die Hirnforschung der letzten Jahre hat unsere Vorstellung vom Altwerden stark verändert, denn es stellte sich entgegen früheren Annahmen heraus, dass wir uns lebenslang verändern können und Neues lernen, es bilden sich das ganze Leben lang neue Zellen im Gehirn und neue Verbindungen zwischen Nervenzellen. Allerdings erfordert das, wie Gerald Hüther nicht müde wird zu erwähnen, Begeisterung, Erfahrungen von Flows und dass uns die neuen Erfahrungen »unter die Haut« gehen.

Bertolt Brecht beschreibt in seiner wunderbaren Geschichte »Die unwürdige Greisin«, dass man sich als alter Mensch entwickeln kann, dass man sich stark verändern kann und dass man, vielleicht wie nie zuvor, Dinge sich zu tun traut, die man möglicherweise schon früher wollte. Doch erst im Alter gibt es diese innere Unabhängigkeit und Freiheit, wirklich zu tun, wonach einem zu Mute ist. Nicht einmal mehr die Meinung der nächsten Angehörigen ist wichtiger als das, was man selbst für richtig hält. Weil die alte Frau Dinge tut, die ihre Kinder nicht gut heißen, wird sie die »unwürdige Greisin« genannt. Sie ist auf eine Art hilfreich und gut, die ihren Kindern missfällt, weil ihnen dies nicht zugute kommt, aber die alte Frau hilft anderen durchaus und verhält sich großzügig. Sie will sich nur nicht mehr vorschreiben lassen, wem gegenüber sie das tut und daher wird ihr Verhalten als »unwürdig« beschrieben. Sie, die immer allen alles recht gemacht hat, will es endlich auch sich selbst recht machen, vergisst andere dabei aber nicht.

Diese Geschichte im Sinn, denke ich noch mehr, dass Alter und Altern wirklich hoffnungsvoll betrachtet werden kann. Ich erinnere mich auch gern an den Schweizer Film »Die Herbstzeitlosen«. Dort geht es um eine alte Frau, die nach dem Tod ihres Mannes einen Traum aus jungen Jahren verwirklicht. Sie eröffnet ein »Lingerie«-Geschäft und stellt die wunderbarste Unterwäsche in Seide und Spitze her, die sie dann vorwiegend übers Internet verkauft. Es ist die Geschichte einer Frau, die gegen massive Widerstände in ihrem bigotten Dorf im Emmental mit Hilfe ihrer Freundinnen endlich ihren eigenen Weg geht. Endlich erlaubt sie sich, zu sich selbst zu stehen, ermutigt durch ihre Freundinnen. Ich habe es häufig an älteren Menschen beobachtet, dass ihnen die Einschätzung anderer nicht mehr so viel bedeutet und dass das eine große Befreiung sein kann.

Oder erinnern Sie sich an den sehr verknöchert erscheinenden Mann aus dem Film von Doris Dörrie »Kirschblüten«. Ein Mann, der seine Frau daran hindert, nach Japan zu reisen um das Budo-Tanzen zu praktizieren. Hier kommt es zu einer Wende durch den plötzlichen Tod der Ehefrau. Jetzt macht der Mann sich auf nach Japan und entdeckt für sich eine neue Welt. Es gibt erschütternde Szenen in diesem Film und für das normale bürgerliche

Bewusstsein benimmt dieser Mann sich verrückt. Sein Verhalten wird ähnlich wie in der »unwürdigen Greisin« grade auch von seinen Kindern nicht verstanden oder gar gewürdigt. Wunderbarer Weise entspinnt sich eine zarte Liebesgeschichte zwischen dem alternden Mann und einem jungen Mädchen, eine Liebesgeschichte ohne Bedingungen, in der es um das Miteinander-Sein und ein Füreinander-da-Sein geht.

Ich verstehe die Botschaft des Filmes so, dass Veränderungen jederzeit möglich sind. Jederzeit können wir uns gemeinsam einige »ver-rückte« Visionen und auch Handlungen erlauben. Wenn nicht im Alter, wann dann?

Bereits kurz vor meinem 61. Geburtstag hatte ich meine Kliniktätigkeit aufgegeben, »normal« gekündigt. Das haben viele nicht verstanden. Doch ich habe mich auf eine Lehr- und Fortbildungstätigkeit konzentriert. Die letzten sieben Jahre erlebte ich als besonders befriedigend. Ich habe das Gefühl, aus dem, was ich mir in meinem Leben erarbeitet habe, schöpfen zu können, ich erlebe ein Gefühl der Fülle und des Erntens und doch lerne ich auch täglich vieles dazu. Ich begegne vielen Menschen, lerne fast täglich neue kennen und all dies macht mir viel Freude.

In anderen Kulturen werden alte Menschen mehr geachtet, ihr Rat ist gefragt. Es gibt jetzt einen Rat von dreizehn Großmüttern aus unterschiedlichen Kulturen – bezeichnenderweise ist keine Frau aus unserer westlichen Kultur dabei –, die sich dafür engagieren, dass unsere Welt sich wieder auf ursprüngliche Werte wie Liebe und Mitgefühl, Verbundenheit mit und Verantwortung für die Erde besinnt. Großmutter bedeutet hier auch große Mutter, die Großmütter sind in besonderer Weise mit der »großen Mutter« verbunden und sprechen für sie. (Carol Schneider: Die Botschaft der Weisen Alten. Der Spirituelle Rat der Großmütter)

Als ich mit 32 Jahren meine psychiatrisch-psychotherapeutische Praxis eröffnete, dachte ich mir, es sei sinnvoll, eine »Seniorengruppe« anzubieten. 50 Jahre erschien mir damals, vor 36 Jahren eine sinnvolle Untergrenze. Als ich dann selbst 50 wurde, erinnerte ich mich mit einem gewissen Gefühl der Scham und der Peinlichkeit an dieses Unternehmen. Die Gruppe war übrigens angesichts meiner Unerfahrenheit ziemlich erfolgreich für die Teilnehmerinnen, die u. a. Freude daran hatten, sich zu begegnen und über Dinge sprechen zu können, von denen sie nicht unbedingt erwarteten, dass Jüngere sie verstünden.

Als ich 50 wurde, hatte ich eher das Gefühl, nun fange mein Leben erst richtig an. Das war dann, als ich 65 wurde, doch deutlich anders: Da kam die Mitteilung, dass ich nun meine Rente werde beziehen können, und es beschlich mich eine Art sonderbares und nicht angenehmes Gefühl. Ich wollte nicht das Gefühl haben, dass ich jetzt »in Rente« gehen solle. Besonders unangenehm war mir ein beigefügter Ausweis, ein »Rentnerausweis«, mit dem ich z.B. zu reduziertem Preis in Museen und in den Zoo gehen könne. Ich reagierte darauf mit Ärger, ja Gereiztheit und wunderte mich darüber. Denn ich hatte ja die Freiheit, diesen Ausweis zu benutzen oder auch nicht. Also fragte ich mich, was das wohl zu bedeuten hatte und stellte fest, dass sich an dem Ausweis das Unbehagen übers Älterwerden und übers Altsein, so wie es nun wohl die Gesellschaft um mich herum will, ausdrückte.

Ich erhielt den Geburtstagswunsch, nun bald den »verdienten Ruhestand« genießen zu können. Doch ich will keinen Ruhestand, ich möchte es mir nur ermöglichen, etwas ruhiger zu leben und meinen Aufgaben weiter nachzugehen. Für manche mag es eine Erleichterung sein, eine ungeliebte Arbeit endlich lassen zu können, und dann ist das ja auch gut so, aber für viele ist ihre Tätigkeit auch etwas sehr Erfüllendes und Sinnvolles. Mein Beruf erlaubt es mir, ihn weiter auszuüben und durch zunehmende Lebenserfahrung sogar eher mehr Menschen helfen zu können. Warum also sollte ich mich in den »wohlverdienten« Ruhestand begeben?

Man kann schon erleben, dass – ähnlich wie ich es mit 25 bei meiner Großmutter dachte – die Gesellschaft einen mehr oder weniger abschreibt. Der Gerontologe Andreas Kruse verweist auf den Philosophen Ernst Bloch, der in seinem Werk »Das Prinzip Hoffnung« aufzeigt, dass die ältere Generation über »Kräfte« verfügte, die unsere Gesellschaft – auch aufgrund einer tief greifenden Reserviertheit gegenüber dem Alter – viel zu wenig nutzt. In seinem Buch »Spuren«, aus dem das unten angeführte Zitat stammt, macht Bloch deutlich, »dass individuelles Leben nur gelingen kann, wenn es in einem kontinuierlichen, aktiven Austausch mit der Gemeinschaft steht, und dass das gesellschaftliche Leben nur gelingen kann, wenn alle Generationen in einem produktiven Austausch miteinander stehen.«

Der Altersforscher Andreas Kruse betont, dass wir heute weniger denn je auf das Expertenwissen und gesellschaftliche Engagement, das heißt auf die Mitverantwortung älterer Menschen verzichten können.

Je älter man ist, desto mehr Expertenwissen in Bezug auf den ausgeübten Beruf oder in Bezug auf außerberufliche Interessengebiete stehen zu Verfügung, aber auch Wissen und Erfahrungen in Bezug auf grundlegende Fragen des Lebens. Man hat auch eine Menge nützlicher Handlungsstrategien zur Bewältigung von Anforderungen in spezifischen Bereichen erlernt, sich Überblick über spezifische Bereiche verschafft. Alte Menschen verfügen oft über ausgeprägte Fähigkeiten im Bereich der Kommunikation mit anderen Menschen sowie Offenheit für neue Anforderungen und Verpflichtungen.

In den kommenden Jahrzehnten wird der Anteil der 60-jährigen und älteren Menschen deutlich zunehmen. Die Gruppe der 80-jährigen und älteren Menschen wird anwachsen: Von heute 3.2 Millionen Menschen (= 3.9% der Gesamtbevölkerung) auf 5.9 Millionen Menschen (= 7.3% der Gesamtbevölkerung)

Innehalten:
Welche Empfindungen lösen diese Zahlen in Ihnen aus? Neugier, zu der angesprochenen Gruppe dazu zu gehören? Ängste, wie das wohl bewältigt werden solle? Hoffnung, dass, wenn es erst einmal so viele Alte geben wird, unsere Welt sich zum Besseren verändern könnte? Was noch?

Ich beziehe auch im Weiteren mich auf einen Vortrag von Andreas Kruse, Professor für Gerontologie, zum Thema »Alter und Gesellschaft«, den er im Januar 2005 in Weimar vor dem Vorstand der Sozialdemokratischen Partei Deutschlands gehalten hat.

Vieles ist in Bezug auf die ältere Generation noch wenig untersucht, die Gesellschaft steht vor einer Herausforderung, wie sie die Menschheit bisher nicht gekannt hat, weil es inzwischen so viele Alte gibt und noch mehr geben wird, dass daraus völlig neue Aufgaben erwachsen werden. Wichtig erscheint mir allerdings, dass es »die Alten« natürlich gar nicht gibt, sondern alte und ältere Menschen unter sehr unterschiedlichen Bedingungen leben und sich auch sehr unterschiedlich verhalten.

Viele von uns haben Glück. Wir können aufgrund unserer materiellen Ressourcen sehr viel verwirklichen, was früheren Generationen nicht möglich war. Unsere, d.h. meine, Generation hat zudem das Glück gehabt, in einer Zeit ins Arbeitsleben eingetreten zu sein, wo wir noch Wahlmöglichkeiten hatten und uns »alle Türen« offen standen.

Sowohl aus individueller wie aus gesellschaftlicher Sicht ist es kontraproduktiv, eine Vergeudung von Erfahrung und Wissen, das Potenzial älterer und alter Menschen nicht zu nutzen.

Daher zurück zu meinem Problem mit dem Eintritt ins Rentenalter: Kruse schlägt vor, die Beantwortung der Frage nach Erhöhung des Renteneintrittsalters differenziert anzugehen. Nimmt man mein Beispiel, so habe ich mir mit 61 Jahren erlaubt, einen Teil meiner Arbeit zu lassen, den ich als sehr anstrengend empfand, nämlich den, eine Klinik zu leiten, aber meine Arbeitszeit habe ich nicht verändert, ich arbeite etwa gleich viel wie vorher, vielleicht werde ich aber in den kommenden Jahren nach und nach etwas weniger arbeiten. Jedenfalls gebe ich mein Wissen und meine Erfahrungen weiter und verfüge doch über eine größere Freiheit in der Gestaltung meiner Arbeitszeit. Das allerdings würde ich auch jüngeren Menschen wünschen!

Die Medizin leistet durchaus einen bemerkenswerten Beitrag zur Erhaltung und Wiederherstellung der Gesundheit bis in das hohe und sehr hohe Lebensalter. Aber es wäre billiger und vielleicht auch lustvoller, wenn wir das häufiger über das Mittel der Imagination zustande brächten.

Bei vielen hochbetagten Menschen besteht kein Pflegebedarf. Und hier stellt sich die Frage, was wir tun können, und zwar jede und jeder von uns, um diesen Pflegebedarf zu vermeiden. Hier fällt mir das Märchen von den Bremer Stadtmusikanten ein. Die alten, als lästig erlebten Tiere tun sich zusammen und erreichen dadurch, dass sie ihre jeweiligen Fähigkeiten zusammenbringen und dass sie gemeinsam überleben können.

Es könnte auch sein, dass manche im hohen Alter einmal die Liebe und Zuwendung erfahren wollen, die sie ein ganzes Leben lang vermisst haben. Vielleicht wäre es günstig, sich verschiedenste Möglichkeiten auszumalen, wie wir jetzt oder später in anderen als den herkömmlichen Beziehungen Liebe und Zuwendung geben und erfahren könnten.

Ich mag mir gerne vorstellen, dass ich mit einigen Gleichaltrigen und einigen Jüngeren möglichst eng zusammen lebe und dass ich »bis zuletzt« ein tätiger Mensch sein werde. Und Sie, was sind Ihre Visionen?

Vieles wird möglich sein und wird u. a. auch von unserer Vorstellungskraft abhängen. Verschiedenheit besteht im Hinblick auf die physische und geistige Kompetenz, im Hinblick auf die psychische Situation, wie auch im Hinblick auf die materiellen Ressourcen und die soziale Integration. Ältere Menschen erwarten inzwischen von politischen Entscheidungsträgern, dass diese möglichst differenziert über »Stärken« und »Schwächen« des Alters sprechen und auf diese antworten.

Der Körper bekommt im Alter eine stärkere Bedeutung, weil dessen Zerbrechlichkeit bewusster wird. Das sollte dazu führen, achtsamer und liebevoller mit ihm umzugehen, ihn als »Partner« zu betrachten und nicht als eine »Maschine«, die zu funktionieren hat.

Endlichkeit und Vergänglichkeit werden unausweichlicher, eine Chance, sich mehr mit diesen Themen zu beschäftigen.

Vielfältige Beziehungen zu Menschen in verschiedenen Altersgruppen können wichtiger werden. Wenn ein älterer Mensch Kontakte zu Jüngeren pflegt, hat er den Vorteil, zumindest eine Ahnung davon zu haben, was es heißt, in diesem oder jenem Alter zu leben, während der jüngere Mensch spätere Lebensalter ja nicht aus eigener Erfahrung kennt. Ältere müssen allerdings auch akzeptieren lernen, dass Jüngere Erfahrungen haben, die sie in dieser Form nicht gemacht haben. Wir machen heute auch die spannende Erfahrung, dass unsere Enkel manches können, was wir von ihnen lernen können. Auch das trägt zu mehr Gleichberechtigung zwischen den Generationen bei.

Es kann lohnend sein, sich daran zu gewöhnen, immer wieder innezuhalten und sich im jeweiligen Alter zu fragen: Was steht jetzt für mich an, was will ich, was soll ich lernen? Jedes Alter hat spezifische Entwicklungsaufgaben.

Ich meine, dass älter und alt sein per se eine gewisse Chance bietet, dass sich Potenziale bis dahin entwickeln konnten, die in jüngeren Jahren einfach aufgrund des jüngeren Seins noch nicht so ausgeprägt vorhanden sind.

Die Annahme, mit zunehmendem Alter verlören Menschen immer mehr ihre Flexibilität und Offenheit, wird gerne gebetsmühlenhaft wiederholt. Es gibt aber auch starre Jüngere. In den Einstellungen, die Menschen im Alter vertreten, spiegeln sich Entwicklungen des Lebenslaufes wider, aber eben auch nicht nur, denn die Entwicklungsphase des Alters selbst führt auch zu spezifischen Erfahrungen und entsprechenden Bildern. Der Reichtum an Bildern von sich und der Welt kann jedenfalls zunehmen.

Die starren Trennungen zwischen Lernphase, einer Phase der Berufstätigkeit und einer der freien Zeit haben ihre Gültigkeit verloren, so stellt Kruse fest. Anders ausgedrückt: Bildung ist als eine Aufgabe und als eine Möglichkeit zu verstehen, die sich in allen Lebensaltern stellt bzw. bietet. Und: wir sollten nicht nur von dem lebenslang bestehenden Recht auf Bildung, sondern auch von der lebenslang bestehenden individuellen Pflicht zur Bildung sprechen.

Viele schöne Beispiele bietet der Dokumentarfilm »Young at heart«. Hier erfahren wir von einer Gruppe zum Teil hochbetagter, zum Teil etwas jüngerer alter Menschen, die jüngsten sind 70, die gemeinsam in einem Chor singen. Dabei ist interessant, dass die Alten Rockmusik hinreißend darbieten, obwohl die meisten von der klassischen Musik herkommen. Dieser Film macht anrührend deutlich, was es bedeuten kann, auch im hohen Alter etwas zu tun, was einen mit Sinn und Freude erfüllt. Sehr bewegend ist auch der Umgang mit dem Sterben einiger Chormitglieder. Es wird getrauert, gelitten, und das Leben wird vor allem im Singen gefeiert.

Für mich ist dieser Film einer der bewegendsten, die ich in den letzten Jahren gesehen habe. Er beschönigt nicht die Gebrechen des Alters, und er macht deutlich, dass jeder Moment bis zuletzt kostbar ist.

Alter spielt sich bei uns noch überwiegend im privaten Raum ab. Wir können alle dazu beitragen, dass das Alter mehr und mehr in den öffentlichen und in den politischen Raum hereingeholt wird.

Aufgrund ihrer längeren Lebenserfahrung und von möglicherweise mehr Zeit verfügt ein Großteil der älteren Generation über jene Ressourcen, die notwendig sind, um auch nach Ausscheiden aus dem Beruf ein gesellschaftlich mitverantwortliches Leben zu führen.

Innehalten:

Haben Sie Vorstellungen von sich selbst, dass Sie sich auch im Alter ins Leben einbringen möchten, und wenn ja, wie? Was würden Sie gerne tun? In welcher Weise würden Sie sich gerne in die Gesellschaft einbringen?

Eine Studie über Potenziale älterer Arbeitnehmerinnen und Arbeitnehmer hat gezeigt, dass viele ältere Menschen ein Interesse an Teamwork und an effektiver Kommunikation haben, auch wenn jüngere, vor allem Personalchefs eher das Gegenteil anzunehmen bereit sind.

Aus der Resilienzforschung wissen wir, wie wichtig die Pflege von Verbundenheit und Verbundensein ist.

Das können ältere Menschen offenbar ganz gut. Kruse findet dies bestätigt im Engagement älterer Menschen sowohl in der eigenen Familie als auch in der Nachbarschaft, in Vereinen und Verbänden. Ehrenamtliche Arbeit wird sehr stark von älteren Menschen getragen. Wichtig ist auch, dass ältere Menschen als Zeitzeugen von ihrer Zeit berichten: Viele Schulen laden zum Beispiel Holocaust-Überlebende ein. Alte Menschen übernehmen auch Verantwortung für die demokratische Gestaltung unseres Gemeinwesens.

Wenn wir älter und alt werden, wird uns mehr bewusst, dass der Lebensweg in absehbarer Zeit enden wird, und doch gehen wir weiter, so dass der Weg immer noch im Gehen entsteht! Wir bleiben beweglich, sowohl körperlich wie geistig-seelisch.

Ich möchte mit einem Gebet enden, das der lebensweisen Teresa von Avila zugeschrieben wird:

»O Herr, du weißt besser als ich, dass ich
von Tag zu Tag älter und eines Tages alt sein werde.
Bewahre mich vor der Einbildung, bei jeder Gelegenheit
und zu jedem Thema etwas sagen zu müssen.
Erlöse mich von der großen Leidenschaft,
die Angelegenheiten anderer ordnen zu wollen.
Lehre mich, nachdenklich (aber nicht grüblerisch),
hilfreich (aber nicht diktatorisch) zu sein.
Bewahre mich vor der Aufzählung endloser
Einzelheiten und verleihe mir Schwingen,
zum springenden Punkt zu gelangen.

Ich wage nicht, die Gabe zu erflehen, mir
Krankheitsschilderungen anderer mit Freude
anzuhören, aber lehre mich, sie geduldig zu ertragen.
Lehre mich die wunderbare Weisheit,
dass ich mich irren kann.
Erhalte mich so liebenswert wie möglich.
Ich möchte keine Heilige sein – mit ihnen
lebt es sich so schwer –, aber ein alter Griesgram
ist das Krönungswerk des Teufels.
Lehre mich, an anderen Menschen unerwartete
Talente zu entdecken, und verleihe mir, o Herr,
die schönste Gabe, sie auch zu erwähnen.«

Ich glaube, dass diese Wünsche helfen, im Geist jung zu bleiben.

Von der Schönheit des Alters

Sylvia Wetzel

Mit 60 Jahren: Sie schaut sich an und denkt an alle Leute,
die sich nicht mehr im Spiegel anschauen können.
Sie geht aus und erobert die Welt.
Mit 70 Jahren: Sie schaut sich an
und sieht Weisheit, Lachen und viele Fähigkeiten.
Sie geht aus und freut sich des Lebens.
Mit 80 Jahren: Sie kümmert sich nicht mehr
um Spiegel. Sie setzt ihren knallroten Hut auf
und hat Spaß am Leben.
Lebensweisheit aus Nordamerika

Die meisten Menschen wollen gerne lange leben, aber kaum jemand will alt werden. Wir werden älter als unsere Vorfahren – und leben nur noch selten in einer Großfamilie, die uns Sinn und Geborgenheit gibt. Wir leben zu zweit oder alleine und schätzen die Freiheit, die uns das gibt. Die meisten hören spätestens Mitte 60 auf zu arbeiten und haben dann statistisch mindestens 20 Jahre ohne Berufsarbeit vor sich – und möglicherweise mit allerlei Zipperlein.

Innehalten:
Wie leben oder lebten unsere Eltern? Wie geht es ihnen und uns damit? Wie wollen wir mit 60, 70 oder 80 Jahren leben? Welche inspirierenden älteren Menschen kennen wir? Was wollen wir noch erleben, lernen oder lassen in den nächsten Jahren und Jahrzehnten? Was können wir heute dafür tun, dass wir uns der erwünschten Lebensform annähern? Was sollten wir noch klären, damit wir zu mehr innerer Ruhe finden?

Älterwerden ist für viele eine große Herausforderung. Im Spiegel buddhistischer Thesen überprüfen wir unsere Erfahrungen mit sich wandelnden Beziehungen, Lebensformen und Vorstellungen über Jugend und Alter und mit der mühsamen und paradoxen Gratwanderung zwischen Freiheit und Alleinsein, Verbindung und Geborgenheit.

Wann beginnt das Altern? Ab wann fühlen wir uns älter? Es beginnt im Prinzip mit der Geburt, und es ist spürbar bei jedem Übergang, bei jeder einschneidenden Veränderung im Leben. Ich kann mich gut an meine ersten Tage im Kindergarten und an den ersten Schultag erinnern. Ich hatte das Gefühl, ich bin so viel älter als mein kleiner Cousin, der fünfzehn Monate jünger war. Die Freude auf Kindergarten und Grundschule war groß, aber ich spürte auch ein klein bisschen Trauer. Etwas war vorbei. Ich war kein kleines Kind mehr.

Dieses Wechselbad der Gefühle setzte sich fort, als ich mit zehn Jahren aufs Gymnasium in der nächsten Kleinstadt kam und täglich mit dem Zug dorthin fuhr. Als ich dann endlich das Abitur in der Tasche hatte und wir in einem VW Cabrio singend und hupend durch das Schulstädtchen fuhren, kämpfte ich trotz der Riesenfreude ein wenig mit der Angst vor dem neuen Lebensabschnitt. Irgendwann war auch das Studium zu Ende und das Berufsleben fing an. Und kurz nach meinem 28. Geburtstag stand ich plötzlich in Kalkutta auf dem Flughafen, mit meinem Seesack und der Gitarre auf dem Rücken, und wusste, das ist wirklich ein neuer Lebensabschnitt.

Nach zwei Jahren Studienaufenthalt in buddhistischen Zentren in Indien und Nepal kehrte ich wieder nach Berlin zurück und unterrichtete an meiner alten Arbeitsstelle wieder Deutsch als Fremdsprache. Einmal saß ich in der U-Bahn, auf dem Weg zur Arbeit, als eine Horde Jugendlicher hereinstürmte und sich lautstark auf der Bank mir gegenüber unterhielt. Ich dachte empört: »Die sind aber laut und rücksichtslos!«, und bekam in der nächsten Sekunde einen Riesenschreck. Das waren junge Leute, ich war gerade mal 30 und grenzte mich gegen sie ab. Ich sah mich plötzlich auf der anderen Seite: Dort sitzt die laute Jugend und ich gehöre zu denen, die ihre Ruhe haben wollen. »Trau keinem über 30«, hatte ich noch vier, fünf Jahre zuvor gedacht. Und jetzt war ich misstrauisch gegen Leute *unter* 30.

Älter werden ist im allgemeinsten Sinn ein Ausdruck für den Übergang von einer Lebensphase in die nächste. Die alte Rolle passt nicht mehr, und die neue Rolle ist noch fremd. Wir haben heutzutage zwar mehr Freiheit, wie wir Rollen leben, aber uns fehlen auch Vorbilder und Rituale, die Übergänge mit Sinn versehen und begleiten. Neue Rollen sind uns noch nicht vertraut und das irritiert: kleine Kinder und Jugendliche, Teenies und Leute, die 40 oder 60 werden.

Auch Leute in ihren Dreißigern sind schon ab und zu nostalgisch und sehnen sich ganz naiv nach der guten alten Zeit: nach der sorglosen Kindheit und der Clique in der Grundschule, nach der Unbeschwertheit der ersten Liebe oder nach der ersten Wohnung oder Arbeitsstelle. Oder sie sind froh, die unglückliche Kindheit endlich hinter sich gelassen zu haben und ihr Leben selbst in die Hand nehmen zu können. Dann stellen sie fest, dass sie auch als Erwachsene Zäsuren und Übergänge erleben, für die es kaum kulturell anerkannte Erklärungen und Formen gibt. Und das bedeutet Freiheit und Verunsicherung zugleich.

Wem gehört die Zukunft? Den Jungen oder den Alten? Was verbinden wir mit den Begriffen Jugend und Alter? Steht Jugend für die Zukunft? Und die Alten schieben wir aufs

Abstellgleis? Traditionell gehörte der Jugend die Zukunft und die Alten dachten an die Vergangenheit. Oder nehmen die Alten den Jungen heutzutage die Zukunft weg, weil sie an ihrem Besitzstand festhalten und den Jungen nur alte Rezepte predigen? Oder zerstören die jungen Banker ohne Familie und Privatleben die letzten Pfeiler der Sicherheit, wenn sie die alten Werte der Verantwortlichkeit und des Gemeinsinns über Bord werfen und nur noch pubertäre Fantasien von Gier, Macht und Konkurrenz ausleben? Fällt uns das ein, wenn wir an junge und alte Leute denken?

Es gibt keine schnellen Antworten auf diese Fragen. Wir erleben einen rasanten Wandel unserer Lebensbedingungen, und während junge Leute das vielleicht aufregend finden, fühlen sich ältere Menschen eher irritiert und überfordert. Wie gehen wir mit dieser Situation um?

Ich kenne eine Reihe pensionierter Lehrerinnen, die an einer Schule in ihrer Nachbarschaft ehrenamtlich Nachhilfe geben. Das ist eine meiner Visionen, wie wir in Würde älter werden und im Herzen jung bleiben können: Wir bleiben im Kontakt mit jungen Menschen. Das ist die aktive Variante des Älterwerdens. Dieser Ansatz plädiert dafür, sich aktiv in die Gesellschaft einzumischen und im Kontakt mit der Welt der Arbeit und des Erfolgs zu bleiben. Da diese Variante in unserer Gesellschaft sehr populär ist, brauche ich dazu nichts zu sagen. Wer sich engagieren möchte, findet viele Anlaufstellen.

Es gibt auch andere Modelle. Eins stammt aus Indien, wo das Alter als vierte Lebensphase mit eigenen Aufgaben betrachtet wird. Es ähnelt unserem antiken Modell: Das Alter gehört der Religion und Philosophie. Es hat mich zu einem entspannten und kreativen Umgehen mit meinem eigenen Älterwerden inspiriert.

Die indische Tradition nennt vier Lebensphasen, die mit entsprechenden Erfahrungen und Aufgaben verbunden sind. Kindheit: Geborgenheit, abhängig von Außen. Jugend: Lernen und Abhängigkeit. Erwachsensein: relative Unabhängigkeit, Beruf, Familie, Dienst an der Gesellschaft. Alter: Ende der Verantwortung für die Familie, Meditation, spiritueller Weg. Ist das nicht ein guter Hinweis? Ich weiß natürlich, dass dieses Modell zwar ein Ideal für viele Menschen in Indien ist, aber die Mehrheit nicht danach lebt. Aber uns kann es vielleicht inspirieren.

Natürlich möchte ich Sie nicht dazu anstiften, sich nicht mehr um Ihre Angehörigen und Enkel, Ihre Freunde und Nachbarn zu kümmern. Mich inspiriert vor allem der Hinweis auf die *Aufgabe*, die den älteren Menschen zugeschrieben wird. Sie *dürfen* mit dem Segen ihrer Kultur ihre Rollen für Gesellschaft und Familie aufgeben und sich dem spirituellen Leben widmen. Sie brauchen sich nicht anzustrengen, den jungen Leuten zu beweisen, dass sie zwar nicht mehr jung, aber auch noch fit sind. Vielleicht gefällt mir an diesem Modell einfach, dass das Alter nicht als ein »Weniger« im Vergleich zur Jugend und zur Leistungsfähigkeit des mittleren Alters definiert wird. Das Alter hat seine eigene Aufgabe.

Indien kennt noch eine zweite Stufe des Alters. In der ersten Phase kann man zu Hause leben, hat aber weniger Verpflichtungen gegenüber der Familie. In der zweiten Phase dürfen sogar Frauen mit dem Segen ihrer Kultur ihre Familie ganz verlassen, in die Einsamkeit gehen und auch frei von allen religiösen Pflichten sich dem Weg der Befreiung widmen. Solche Menschen werden in Indien traditionell Sannyasins genannt. Man kann sich die Empörung vorstellen, die Bhagwan Shri Rajneesh in den 1970er Jahren in Indien auslöste, als er seine ausgeflippten und undisziplinierten westlichen Schüler Sannyasins nannte.

Es gibt also in Indien einen kulturell anerkannten Weg, sich auch von religiösen Pflichten zu befreien. Für unsere

Kultur übersetzt hieße das zum Beispiel für Katholiken, sie müssen nicht mehr jeden Sonntag zur Messe und auch nicht mehr zur Beichte gehen. Und Protestanten müssen nicht mehr beten und am Karfreitag die Kirche besuchen. Sie können sich auf ihre je eigene Weise um ihr Seelenheil kümmern. Natürlich gibt es für diesen Weg auch überlieferte Methoden, heilige Schriften und spirituelle Begleitung.

Die vierte Lebensphase kann uns eine gewisse Befreiung von sozialen und familiären Rollen schenken. Aber jede Freiheit wird erst dann konstruktiv, wenn wir uns nicht nur *von* etwas befreien, sondern uns dann auch *für* etwas einsetzen. Eine traditionelle Unterscheidung spricht vom aktiven und kontemplativen Leben. Seit der protestantischen Reformation im 16. Jahrhundert steht in den westlichen Gesellschaften die Bejahung des gewöhnlichen Lebens im Vordergrund, und das kontemplative Leben gilt zumindest für arbeitsfähige Menschen als parasitär.

Im Alter dürfen wir uns vielleicht auch mit dem Segen unserer Kultur mehr dem kontemplativen Leben widmen. Dazu gehören traditionell zwei Bereiche: *erstens* selber denken oder philosophieren und *zweitens* über das Denken hinaus gehen. Für beides brauchen wir Muße, d.h. Freiheit von äußeren und von inneren Zwängen. Sobald wir in Rente sind, könnte das bedeuten, dass wir weniger äußeren Zwängen unterliegen. Dann können wir auf die inneren Zwänge achten, sie verstehen und vielleicht aushebeln. Nachdenken und über das Denken hinausgehen können wir aber nur mit Muße. Darüber habe ich am Ende des fünften Kapitels bereits ausführlicher gesprochen. Diese Muße kann das Alter uns schenken.

Muße zu pflegen, bedeutet nicht, ohne Struktur durch den Tag zu dümpeln. In jeder Lebensform brauchen wir ein gewisses Maß an Struktur und Regelmäßigkeit, denn das stabilisiert uns. Überall gibt es inzwischen Angebote für ältere Menschen. Für Menschen, die sich dem Christentum verbunden fühlen, gibt es inzwischen viele Möglichkeiten: Kloster auf Zeit, Exerzitien, Bibelkreise usw. Manche befassen sich mit Yoga oder Sufismus, mit Buddhismus oder Esoterik. Der Markt für spirituelle Angebote ist groß. Es gibt überall Vorträge und Seminare im religiösen und im pseudo-religiösen Bereich. Auch wenn manche Angebote mehr nach Wellness und spirituellen Kontrollwünschen klingen, sie sind ein Ausdruck dessen, dass Menschen nach Sinn und Bedeutung für ihr Leben suchen.

Kultur und Kunst sind ein weiteres Feld. Viele Universitäten und Volkshochschulen bieten spezielle Kurse für ältere Menschen an, und die Teilnehmer genießen die Möglichkeit, mit Niveau über ihr Leben nachzudenken und sich auszutauschen, in vollen Zügen. Auch die Philosophie ist gefragt. Sie wird wieder in ihrer alten Bedeutung als Lebenskunst verstanden und vermittelt. Wir können uns anhand der Texte von Seneca, Marc Aurel und Epikur mit den großen Fragen von Leben und Tod befassen.

Wir können auch einfach das tun, was wir schon immer tun wollten, wozu uns aber bislang die Zeit fehlte. Es ist natürlich unwahrscheinlich, dass wir ab der Rente plötzlich genau wissen, was uns am Herzen liegt, wenn wir uns vorher um diese Fragen nicht gekümmert haben. Es ist aber nie zu spät.

Auch für eine eher kontemplative vierte Lebensphase ist der regelmäßige Kontakt und Austausch mit anderen wichtig. Besonders dann, wenn wir uns Sorgen machen um unsere Gesundheit, um Angehörige und unsere finanziellen Verhältnisse, brauchen wir Kontakte, denn Ängste verstärken sich gegenseitig und lähmen uns. Geteiltes Leid ist halbes Leid, sagt der Volksmund, und geteilte Freude ist doppelte Freude. Stabile und tragfähige Beziehungen schenken uns ein Gefühl von Geborgenheit und dann sorgen wir uns weniger. Vielleicht ist das die größte Herausforderung für ältere Menschen: Die Pflege der Beziehungen. Beziehungen sind aber auch einer der wichtigsten Faktoren für ein Altern in Würde.

Innehalten:
Die Altersforschung empfiehlt fünf Dinge für ein Altern in Würde: regelmäßige Bewegung, leichte Ernährung, fünf Kontakte pro Tag und sei es per Telefon, ein kurzes Gespräch mit einer unbekannten Person und geistige Nahrung.

Innehalten:
Der Zen-Lehrer Karlfried Graf Dürckheim gab in den 1960er Jahren älteren Menschen folgende, immer noch aktuelle Empfehlung: Erfahrungen weitergeben, die eigene Lebensgeschichte aufschreiben und erzählen, einfach sein, Leistung loslassen, sich um das innere Gleichgewicht kümmern, Konflikte klären, Beziehungen pflegen, Transzendenz erleben und sich auf das Sterben einstimmen.

Älter werden ist also eine Gratwanderung, zwischen notwendigem und erwünschtem Rückzug von sozialen Aktivitäten und der Pflege unserer Beziehungen, zwischen Ausruhen und Aktivitäten, zwischen Struktur und unstrukturierten Zeiten.

Innehalten:
Wir können uns, auch wenn wir noch jünger sind, folgende Fragen immer wieder stellen: Wie will ich leben? In fünf, zehn, 20, 30 Jahren? Wie will ich leben, wenn ich 50, 60, 70 oder 80 Jahre alt bin? Wie haben meine Großeltern gelebt? Wie leben meine Eltern? Meine Verwandten? Wie leben meine älteren Freundinnen und Freunde? Meine Nachbarn? Welche älteren Menschen sind für mich Vorbilder? Welche ihrer Eigenschaften oder Lebensweisen ziehen mich besonders an?
Wie will ich leben, wenn ich alt bin? Welche Menschen sollten dann um mich sein? Wer soll mir helfen, mich unterstützen? Was kann ich heute und in den nächsten Wochen und Monaten dafür tun, dass mein Leben im Alter lebenswert ist und bleibt?

Älter werden ist die eine Herausforderung, aber noch nie war es so schwer, jung zu sein. Das könnte man denken, wenn man die heutige Jugend beobachtet. Früher haben die Alten die Jungen beneidet. Verglichen mit den goldenen siebziger Jahren stehen jungen Leute heute vor großen Herausforderungen. Eine ist die rasante Veränderung der Geschlechterrollen und vor allem der veränderten Wertschätzung für die beiden Geschlechter. Damit befassen wir uns im nächsten Kapitel.

9. Geschlechteridentität und Kulturkrise

Entdeckung des Eigenen und Freude am anderen

Luise Reddemann

Für junge Menschen heute scheint die Zugehörigkeit zum männlichen Geschlecht immer mehr zum Problem zu werden, weshalb wir uns für das Thema »Geschlechteridentität und Kulturkrise« in einem unserer Seminare interessierten. Es war für mich wie eine Beschäftigung mit einem Thema, das – ganz anders als zu der Zeit, als ich jung war – auf ein Elend bei den Jungen hinweist. Ich als Großmutter mache mir Gedanken um meine Enkelkinder.

Vielleicht ist es ja so, dass Männer es schon immer schwerer hatten, aber sie wollten es nicht wissen. Schwerer haben sie es biologisch mit ihrem y-Chromosom, auf dem nur 80 Gene sind, während das x-Chromosom 1100 Gene hat. Da wären die Männer ja schon rein rechnerisch im Nachteil!

Es kann befreiend wirken, sich vorzustellen, dass das Kleinmachen und Unterdrücken der Frau im Patriarchat nur dem einen Zweck diente, nämlich die männliche Schwäche zu projizieren und sie dann an der Frau zu bekämpfen. Dies im Sinn, könnten wir Frauen uns immer mal wieder zurücklehnen. Vielleicht malen wir uns einmal aus, was das bedeuten würde! Vor allem sollten wir ab sofort aufhören, Männer für das »starke Geschlecht« zu halten. Unter gleichen und gerechten Bedingungen sind alle

Menschen manchmal schwach und manchmal stark, haben unterschiedliche Fähigkeiten. Vergleicht man unterschiedliche Frauen- und Männerbilder in unterschiedlichen Kulturen, lässt sich leicht sehen, dass das, was die eine Kultur für männlich hält, eine andere überhaupt nicht dafür hält und was die eine für weiblich hält, die andere überhaupt nicht damit verbindet. Benachteiligungen wegen des Geschlechts sollten uns immer beunruhigen und uns veranlassen, für Gerechtigkeit einzutreten, egal wem das gilt.

Jungen haben es heute, wie es scheint, schwerer als früher. In Schule und Kindergarten gelten offensichtlich pädagogische Prinzipien, die sich mehr an der Entwicklung von Mädchen als an der von Jungen orientieren. Jungen brauchen männliche Identifikationsfiguren, die sie kaum finden, jedenfalls nicht im Kindergarten und nicht in der Schule.

Jungen haben andere Bedürfnisse als Mädchen, sie wollen zum Beispiel sehr viel mehr toben und kämpfen. Es wird heute davon ausgegangen, dass dies eine biologische Notwendigkeit ist, weil Jungen mehr Muskelmasse aufbauen müssen und sich dafür mehr bewegen müssen. Ich finde, dass das einleuchtend klingt, zumal Jungen in früheren Jahrzehnten das ganz selbstverständlich gemacht haben – Mädchen auch manchmal – und sie niemand daran gehindert hat. In meiner Schulzeit mussten Jungen allerdings auch still sitzen und konnten das auch, vermutlich weil sie ansonsten draußen toben konnten, so viel sie wollten. Was für eine Verarmung muten wir unseren Kindern um des »Fortschritts« willen zu!

Als Psychotherapeutin weise ich seit über 20 Jahren darauf hin, wie wichtig es ist, dass Patienten die Möglichkeit bekommen, von männlichen Therapeuten behandelt zu werden, da inzwischen die Mehrzahl der in der Psychotherapie Tätigen Frauen sind. Tatsächlich ziehen es nicht wenige meiner männlichen Kollegen vor, mit Frauen zu arbeiten. Frauen sind angenehmere »Patienten«, sie sind meist offener und schauen oft eher nach innen als Männer. Dies alles zeigt Trends, sagt allerdings wenig über einzelne Menschen.

Vieles, was wir für natürlich oder Natur gegeben ansehen, ist doch äußeren Einflüssen zuzuschreiben. Dennoch scheint es mir gesichert, dass Jungen und Mädchen aufgrund hormoneller Gegebenheiten, die ja eine biologische Tatsache sind, unterschiedlich sind und dass nicht alles nur äußeren Einflüssen zuzuschreiben ist. Da man aber auf die Hormone nur bedingt Einfluss nehmen kann und es auch fragwürdig wäre, dies zu tun, müssen wir uns mit den psychologischen Einsichten weitgehend zufrieden geben.

Jungen und Mädchen sollten Identifikationsfiguren des gleichen Geschlechts begegnen und mit ihnen Erfahrungen machen können. Es ist einer Frau nicht ohne Weiteres möglich, sich vorzustellen, was es bedeutet, einen männlichen Körper zu haben und umgekehrt gilt das ebenso für Männer. Daher sind Initiativen wie die von Gerald Hüther zum Thema »Väter und Söhne«, wo er sich dafür stark macht, dass Väter sich um ihre Söhne liebvoll kümmern, sehr bedeutsam.

Innehalten:
Annäherungen an das andere Geschlecht in der Vorstellung scheinen mir allerdings möglich. Daher schlage ich vor, dass die Leserin sich einmal Zeit nimmt, sich vorzustellen, sie sei als Junge geboren und sich dann auch noch in einzelne phasentypische Entwicklungsstadien einzufühlen: Das starke Interesse an Bewegung, ja, die Notwendigkeit, sich viel zu bewegen, die Geschlechtsreife als Junge, Annäherungsversuche ans andere Geschlecht, die daraus resultierenden Freuden und Leiden. Und umge-

kehrt lade ich die männlichen Leser ein, sich vorzustellen, als Mädchen geboren worden zu sein und sich ebenso in phasentypische Entwicklungsstadien einzufühlen. Fragen Sie, wenn Sie eine Frau sind, befreundete Männer, wenn Sie ein Mann sind befreundete Frauen nach deren Erfahrungen mit der Geschlechterrolle.

Ich habe diese Übung verschiedentlich mit Frauen gemacht, die jedes Mal erstaunt waren, wie anders sie sich bei der Vorstellung eines männlichen Körpers fühlten. Es gab auch Frauen darunter, die erzählten, dass sie gerne ein Junge gewesen wären und wie sie ausgebremst wurden, spätestens ab der Pubertät. Auch das ist tragisch, wenn jemand gezwungen wird, sich Geschlechtsstereotypien anzupassen.

Es gibt ja auch Menschen, die sich weder dem einen noch dem anderen Geschlecht zuordnen lassen oder zuordnen lassen wollen. Wir haben das Glück, in einer Zeit zu leben, wo sehr viel mehr Raum und Offenheit besteht, auch in Bezug auf die Geschlechtsidentität mehr Freiheit wagen zu wollen und zu können.

In meiner Arbeit mit Frauen hat sich besonders bewährt, mit ihnen nach weiblichen Vorbildern zu suchen. Jede Frau erzählt, welche Frauen in ihrem Leben wichtig und vorbildhaft waren. In meinen Gruppen ist es mir immer wieder aufgefallen, dass häufig Frauen genannt wurden, die alleinstehend waren und die sich sehr selbständig verhielten. Sie machten den jeweiligen Frauen besonders viel Mut.

Männern könnte es helfen, sich männliche Vorbilder zu suchen, die, ähnlich wie die Frauen, die ich erwähnte, nicht dem traditionellen Männlichkeitsstereotyp entsprachen.

Helle Töchter – Müde Söhne?

Sylvia Wetzel

Es geht nicht um die Frauenfrage.
Es geht um die Reflexion beider Geschlechterrollen.

Viele Mädchen scheinen mit Freude und Energie Schule und Beruf anzupacken. Sie lernen gerne, halten aber auch viel von Freundschaften und unternehmen gerne etwas zusammen. Viele Jungen schaffen die Schule nur mit Mühe und Not und wissen nichts Rechtes mit sich anzufangen. Jungen aus der Mittelschicht wirken oft antriebsarm und depressiv und Jungen aus der Unterschicht aggressiv und ideologieanfällig.

Was hat das Lebensgefühl der Mädchen und Jungen mit den veränderten Geschlechterrollen zu tun? Und wie wirken sich die ökonomische Unsicherheit, die bunten Lebensentwürfe der Eltern und die fehlende Wertschätzung für Kontinuität und Beziehungsnetze in der Gesellschaft auf die jungen Menschen aus. Welche Visionen haben sie? Was brauchen sie von der Generation ihrer Eltern und Großeltern? Welche Vorbilder haben die Mädchen? Wo finden die Jungen männliche Vorbilder? Sind wir bereit, Vorbild zu sein?

Was verbinden wir mit den Begriffen Kindheit und Jugend? Tragen wir noch die alten Bilder im Kopf? Da steht Kindheit – zumindest als Bild in den wohlhabenden Ländern und Schichten – für ein Leben ohne große Verpflichtungen und Verantwortung und für die Freiheit zu spielen. Jugend steht für Kraft und Leistung, für Schönheit und Gesundheit, die Zukunft liegt offen vor ihr und die Gesellschaft braucht sie, sie sind flexibel und noch ungebunden durch Beruf und Familie. Das ist ein bekanntes und – ein altes Bild.

Zwar freuen sich auch heute viele junge Leute auf das Erwachsenwerden, aber sie neigen mehr zu Anpassung und Leistungsdenken als ihre Großeltern aus meiner Generation. Ihr Blick auf die Welt ist getrübt von Zukunftsängsten und Krisen an allen Ecken und Enden: Wirtschaftskrise, Jobkrise, Bildungskrise, Finanzkrise, Umweltkrise, Beziehungskrise, Politikverdrossenheit usw.

Ich bin Jahrgang 1949 und habe den Eindruck, ich gehöre zur *golden generation*, die erwachsen wurde, als die Welt uns zu Füßen lag. In den späten 1960ern und 1970ern Jahren schien in den westlichen Gesellschaften alles auf einmal möglich: die Veränderung der Geschlechterrollen, freie und wahre Liebe, Bildung und Arbeit für alle, ein ständig steigender Lebensstandard und die Vision einer offenen, freien und gerechten Gesellschaft. Ich halte das Leben in Europa immer noch für sehr lebenswert, aber die Vision einer schönen neuen Welt hat Risse bekommen. Ein Armutsforscher hat es Mitte der 1990er Jahre so auf den Punkt gebracht: Vielleicht war der Wohlstand in Europa und Nordamerika Ende des 20. Jahrhunderts ein Augenzwinkern in der Menschheitsgeschichte. Das könnte durchaus sein. Das Lied vom »schneller, höher, mehr« klingt heutzutage schräg, eher wie ein Pfeifen im Wald.

Unsere Kultur betet einerseits die Jugend an und singt in der Werbung und in Filmen das Loblied auf die Schönheit, Leistungsfähigkeit und Kraft der jungen Generation und andererseits sind Kindergärten und Grundschulen, Oberschulen, Berufsschulen und Universitäten chronisch unterfinanziert. Viele gut ausgebildete junge Leute verdienen ihr Geld mit befristeten Stellen und Praktika, und ein großer Teil der jungen Leute verlässt die Schule ohne Abschluss und hat keine Berufsausbildung. Das scheinen inzwischen auch unsere Politiker zu sehen, und es wird einiges getan, das zu verändern. Hoffentlich.

Wir leben in einer Zeit des rasanten sozialen Wandels, und selbst mir als Kind dieser Zeit geht der Wandel inzwischen manchmal zu schnell. Aber nicht nur Menschen, die älter werden, fühlen sich überrannt von dem Tempo der Veränderungen, auch junge Leute sind verunsichert. Ich selbst habe keine Kinder, bin aber mehrfach Tante und kenne viele junge Leute, die meine Kinder oder Enkel sein könnten.

In der ersten Dekade des neuen Jahrtausends ist mir eines sehr deutlich aufgefallen: Die meisten Mädchen kommen in der Regel gut durch Schule und Ausbildung, sie arbeiten gerne in ihrem Beruf und haben auch noch Zeit für die Pflege eines Freundeskreises und für die Gründung einer Familie. Es gibt allerdings auch Mädchen, die ihre Frauenrolle und das Erwachsenwerden verweigern.

Bei den Jungen gibt es bereits einige, die vielleicht ein neues Männerbild ahnen lassen: beziehungsfähig und kinderfreundlich, selbständig und kooperativ, verantwortlich und charmant zu Kindern, Frauen und Männern, zu Kolleginnen und Nachbarn. Bei den auffälligen Jungen zeichnen sich je nach Schicht zwei Modelle ab. Viele Jungen aus der Mittelschicht haben in der Pubertät wenig Biss, sie wissen nicht, was sie wollen, sind schlecht in der Schule und leben ziellos vor sich hin. Jungen aus der Unterschicht tendieren eher zu einem aggressiven und rebellischen Verhalten, und manche stehen an der Schwelle zur Kriminalität. Was ist hier los?

Es spielen sicherlich viele Faktoren eine Rolle: kulturelle, soziale, ökonomische und natürlich biografische. Ich möchte in diesem Kapitel untersuchen, welche Bedeutung der Wandel der Geschlechterrollen spielt. Dabei möchte ich zwei Aspekte genauer betrachten: Vorbilder und Selbstbilder.

Was brauchen wir zum Erwachsenwerden? Auf jeden Fall Beziehungen. Darüber habe ich im siebten Kapitel unter dem Stichwort *Sechs Beziehungen und eine Einsicht* gesprochen: Wir begreifen, es gibt keine ein für alle Mal festgelegten Geschlechterrollen, und gerade deshalb brauchen wir in besonderem Maße horizontale und vertikale, vielleicht auch transzendentale Beziehungen zum eigenen und anderen Geschlecht, um herauszufinden, welche Art Frau, welche Art Mann wir sein wollen.

Eine zentrale Rolle für unser Selbstbild spielen unsere Vorbilder. Mädchen und Jungen lernen zum einen von Gleichaltrigen, was Mädchen und Jungen sein können und wollen, und dann von Vorbildern, von Menschen, die sie schätzen und achten. Dabei spielt das Geschlecht dieser Vorbilder eine sehr wichtige Rolle. Hannah Arendt stellt 1958 (!) in einem Vortrag in Bremen die These auf, dass vor allem junge Männer auf vormoderne Sippen-Strukturen zurückfallen, wenn sie keine Vorbilder haben. Das könnte auf Jungen aus der Unterschicht zutreffen. Sie orientieren sich eher an der Macht der Stärkeren, und nicht an Männern, die klug und sanftmütig, kreativ oder nachdenklich sind.

Der Soziologe Gunnar Heinsohn untersuchte schon in den 1980er Jahren die Bevölkerungspolitik in Europa von 1350 bis heute. Damals hatten Frauen in der Regel zwei überlebende Kinder, ab dem Beginn des 16. Jahrhunderts sechs bis sieben. Für Heinsohn war der Wunsch der Könige und Herrscher nach einer großen Bevölkerung für ihre Machtentfaltung eine zentrale Bedingung, und sie setzten das dann mit Hilfe der Kirche in eine aktive Bevölkerungspolitik um. Heinsohn vermutet nun einen Zusammenhang zwischen der großen Anzahl der überlebenden *Jungen* und der Zunahme von Kriegen und Unruhen seit dieser Zeit. Überzählige *Mädchen* schienen und scheinen keine sozialen Probleme aufzuwerfen, sie vermehren einfach die Zahl der Arbeitskräfte und dienstbaren Geister.

Da nur *ein* Junge den Beruf, das Amt oder den Arbeitsplatz des Vaters übernehmen kann, stellt sich die Frage, was die überzähligen Bauernjungen, Handwerkersöhne und Adligen machen sollten. Überzählige Jungen, Heinsohn bezeichnet sie mit dem spanischen Begriff *secondos*, also Zweitgeborene, ergriffen nach Heinsohn folgende »Karrieren«: Militär, Auswandern, Kriminalität, Staatsstreich, Bürgerkrieg und Revolution, Völkermord und Vertreibung.

Wenn man sein Modell auf heutige Megastädte und instabile Weltregionen überträgt, wirken seine Thesen auch heute noch plausibel. Sein Vorschlag: treibt keine blinde Bevölkerungspolitik, kümmert euch um die jungen Männer, besorgt ihnen eine gute Ausbildung und einen Arbeitsplatz, dann sinkt die Gewaltquote überall auf der Welt.

Ob die Interpretation in allen Aspekten zutrifft, bleibt zu fragen. Aber sie könnte die Zunahme von Terrorismus und Gewalt, Krieg und Kriminalität gut erklären und zeigen, welche Auswege es gibt. Ein Scheich aus dem Nahen Osten wurde vor ein paar Jahren von einer westlichen Journalistin gefragt, woher die vielen Selbstmordattentäter kommen. Er sagte: Wir suchen traurige perspektivlose junge Männer. Davon gibt es zu viele. Man kann also Terrorismus und Krieg wohl kaum mit Gegendruck und Kontrolle, mit Militär und Polizei bekämpfen, sondern nur mit klaren Lebensperspektiven für die jungen Männer.

Welche Vorbilder haben Mädchen und Jungen heute? Beide sind Enkelinnen und Urenkel einer Frauengeneration, die sich einen auch öffentlich sichtbaren Platz in der Gesellschaft und Kultur erkämpft haben. Frauen sind zwar immer noch selten Aufsichtsratsvorsitzende, Chefs von Großunternehmen oder Hochschulprofessorinnen, aber es gibt solche Frauen. Es gibt Chefinnen, Assistenzprofessorinnen, Filmregisseurinnen, Museumsdirektorinnen, Parteivorsitzende, Ministerinnen und in Deutschland sogar eine Kanzlerin. 2008 meinte eine Kommentatorin in der ZEIT, dass weder Frankreich noch die USA reif seien für eine Frau an der Spitze des Staates, aber Deutschland war schon 2005 reif dafür. Das sind Vorbilder für Mädchen.

Wenn ich mit Bekannten spreche, die an einem Gymnasium unterrichten, und sie nach männlichen Vorbildern für die Jungen frage, höre ich: Unsere wenigen Lehrer sind entweder depressiv oder nur intellektuell. Wenn ich Jungen in meinem Bekanntenkreis frage, wen sie bewundern, toll finden oder als Vorbild sehen, können nur die, die mit ihrem Leben klar kommen, Namen nennen. Und von Frauen und Männern, die meine Kurse besuchen, höre ich ähnliche Geschichten.

Männer in meinem Bekanntenkreis und in meinen Kursen kennen natürlich viele Männer in Politik, Kultur und Gesellschaft, die eine Führungsposition innehaben, erzählen mir aber, das sie genau so *nicht* werden wollen. Das sind keine Vorbilder für sie, weil viele von ihnen ein altes Männerbild vertreten. Die Männer, die sich Gedanken über ihre Rolle als Mann machen, sind verunsichert und wissen nicht so recht, was für ein Männerbild für sie passt. Ihnen rate ich, sich einen Mann zu suchen, mit dem sie ihre Geschlechterrolle reflektieren können. Nur im Gespräch mit dem eigenen Geschlecht finden wir den Ort, von dem aus wir dem anderen Geschlecht in Würde und mit Wertschätzung begegnen können. Meine These ist: Ohne horizontale, vertikale – und vielleicht auch – transzendentale Beziehungen mit dem eigenen Geschlecht, in denen wir unsere Geschlechterrolle hinterfragen, finden wir weder eine respektvolle Beziehung zum eigenen noch zum anderen Geschlecht.

Die buddhistische Tradition spricht von acht weltlichen Dingen, auf denen wir unser Selbstwertgefühl aufbauen: Vier Dinge suchen wir: *erstens* Status, *zweitens* Besitz, *drittens* Lob, Anerkennung und Zuwendung und *viertens* angenehme Gefühle. Und vor vier Dingen fürchten wir uns: vor dem Verlust der vier angestrebten Erfahrungen.

Ich vermute, dass Mädchen und Frauen sich weniger mit Status und Besitz und stärker mit Zuwendung und Gefühlen identifizieren. Daher trifft sie vermutlich der soziale Wandel nicht so sehr, weil sie ihre Beziehungen stärker pflegen und sich davon getragen fühlen. Männer und Jungen scheinen sich eher mit Status und Besitz zu identifizieren, und wenn das so ist, trifft sie Statusverlust und Arbeitslosigkeit stärker. Wenn ihr Beziehungsnetz, wie sehr häufig, nicht über Mädchen und Frauen getragen und gepflegt wird, und sie keine positiven männlichen Vorbilder haben, werden sie im Extremfall Einzelgänger am PC oder schließen sich mit anderen perspektivlosen Jungen zu Banden zusammen.

Wir können überlegen, welche der acht weltlichen Dinge für uns und die Jungen und Mädchen in unserem Umfeld eine Rolle spielen und was das mit dem Geschlecht zu tun hat.

In den 1970ern und 1980ern sprachen Frauen über ihre Geschlechterrollen. Wir diskutierten an der Hochschule, in Frauen- und Projektgruppen und im Freundinnenkreis über weibliche Vorbilder unserer Jugend, und nach langem Nachdenken fiel uns vielleicht eine Kindergartentante oder Grundschullehrerin ein oder Florence Nightingale, Marie Curie oder Helen Keller, vielleicht noch Katharina die Große, Maria Theresia oder Elizabeth I. Die letzteren waren schließlich als Herrscherinnen erfolgreich, also in einem typischen Männerberuf.

Die Frauenbewegung hat viele unbekannte Namen tatkräftiger und mutiger Frauen ausgegraben und bekannt gemacht. Weil diese Frauen ihren roten Faden im Leben gefunden hatten und sich allein oder gemeinsam für ihre Visionen einsetzten, konnten sie Vorbilder für uns werden. Sie haben uns Mut gemacht herauszufinden, was wir im Leben wollen: Eleonore von Aquitanien und Clara Schumann, Olympe de Gouge und Virginia Wolf, aber auch Zeitgenossinnen wie Luce Irigaray und Luisa Muraro, Angela Davis und Rosa Luxemburg.

Die Studentenbewegung der 1960er und 1970er Jahre war die erste Chance für die Männer, auch *ihre* Geschlechterrolle zu hinterfragen. Die Frauenbewegung entstand zunächst durch die Frauen, die es satt hatten, von den linken Männern immer wieder zu hören, dass die Geschlechterfrage ein Nebenwiderspruch sei und es in erster Linie um den Hauptwiderspruch zwischen Kapital und Arbeit ginge. Die Verbesserung der ökonomischen Lage der Frauen sei wichtig, aber doch nicht die Geschlechterrollen. Weil die meisten Männer kein Interesse an der Reflexion ihrer Geschlechterrollen hatten, verließen viele Frauen diese patriarchalischen linken Gruppen und setzten das Hinterfragen in Frauengruppen fort. So entstand aus meiner Sicht die Frauenbewegung. Vielleicht ist jetzt die Zeit gekommen, in der Männer es sich nicht mehr leisten können, dieses Thema zu ignorieren. Es könnte sein, und es wäre sehr fruchtbar für beide Geschlechter.

Und doch meinen auch heute noch – oder wieder? – viele Frauen und Männer, eine Reflexion der Geschlechterrollen sei nicht nötig, da es nicht um das Geschlecht, sondern vor allem um Politik, Ökonomie oder Psychologie, um Buddhismus, Erleuchtung oder Selbstentfaltung gehe.

Ich glaube immer noch, dass wir erst dann die gleiche Wertschätzung für Frauen und Männer erreichen werden, wenn wir auch ihre Unterschiede sehen und anerkennen, und das können wir nur, wenn wir unsere Geschlechterrollen hinterfragen, im Gespräch mit dem eigenen und mit dem anderen Geschlecht. Immer wieder. Und das geschieht leichter, wenn Frauen in allen Bereichen der Gesellschaft sichtbar werden und die Lebens- und Arbeitsbedingungen mitgestalten. Es geht nicht nur um Gleichberechtigung, auch wenn das ein wichtiger Schritt ist, sondern auch um die Anerkennung von Differenz, von Unterschieden. Frauen und Männer sind dann emanzipiert, wenn wir es ertragen können, dass eine Frau in einer wichtigen Position sowohl gut als auch schlecht arbeiten darf, ohne dass wir das ihrem Frausein zuschreiben. Frauen sind weder das dümmere noch das bessere Geschlecht. Aber sie dürfen auch anders sein als Männer, denn sie sind keine Männer, sondern Frauen.

Mit scheint, dass sowohl die erwachsenen Männer als auch die Jungen und jungen Männer nur wenige Vorbilder haben, die sie dazu inspirieren, selbstbewusste und feinfühlige Männer zu werden. Warum ist das so? Männer aller Altersstufen erleben heute zwei einschneidende Veränderungen, und zwar kulturell und politisch-ökonomisch. Jahrtausendelang wurden Männer doppelt privilegiert: Sie galten als das bessere, klügere Geschlecht, als Modell des Menschen an und für sich und zwar in Gesellschaft und Kultur, Wirtschaft und Politik und daher wurden sie sozial privilegiert. Und aus genau diesem Grund wurden sie von Frauen kollektiv und individuell bewundert. Männer genossen jahrtausendelang das Privileg, sozial bevorzugt und kollektiv von Frauen und natürlich auch von Männern bewundert zu werden.

Die Krise vor allem der männlichen Jungend heute scheint damit zu tun zu haben, dass diese beiden Privilegien bröckeln. Männer gelten in allen wesentlichen Bereichen der Gesellschaft nicht mehr per se als besser, und Frauen bewundern sie nicht mehr unhinterfragt. Zwei Säulen des männlichen Selbstwertgefühls bröckeln zur Zeit, auch wenn das alte Modell immer noch in erstarrter Form existiert. Viele erwachsene Männer halten sich nicht mehr für das bessere Geschlecht, das überall mehr Achtung verdient, sondern zweifeln selber an diesem Modell, ohne ein neues gefunden zu haben. Vielleicht ist Jesus Christus *ein* Archetyp des neuen Mannes, wie Franz Alt meint. Aber »Eisenhans« und ähnliche Retro-Modelle des starken und unabhängigen Macho-Mannes scheinen nicht mehr zu passen und inspirieren viele Männer nicht mehr.

Die tibetische Tradition beschreibt Helden und Heldinnen, *pawo, pamo,* kraftvolle Frauen und Männer, die den spirituellen Weg gehen. Ein buddhistischer Lehrer aus England hat das so interpretiert: Helden tragen ihre Feinfühligkeit innen und zeigen ihre Kraft außen, und Heldinnen tragen ihre Kraft innen und zeigen ihre Feinfühligkeit außen. Seiner Meinung nach begann das Patriarchat, als die Männer ihre Feinfühligkeit und Frauen ihre Kraft vergaßen oder ignorierten. Was übrig blieb, waren zwei Karikaturen: Kraftprotze und hübsche Frauen, Rambo und Tussi. Sein Vorschlag: Frauen müssen heute primär ihre Kraft und Männer ihre Feinfühligkeit entwickeln, dann kommen die einzelnen und die Gesellschaft wieder ins Lot. Ich glaube zwar nicht, dass Frauen oder Männer »von Natur aus« so oder so sind, aber die Beschreibung des geschlechtsspezifischen Verhaltens hat einiges für sich.

Ich gehe davon aus, dass alle Theorien falsch sind, denn keine Theorie kann die Komplexität des Lebens erfassen. Theorien werden erst dann fruchtbar, wenn wir sie ausprobieren. Und Modelle sind dann nützlich, wenn wir sie am eigenen Leib überprüfen und, falls wir sie stimmig finden, damit arbeiten. Falls ein Konzept nicht mit unseren Erfahrungen übereinstimmt, lassen wir es beiseite und experimentieren mit anderen Thesen.

Helle Töchter, müde Söhne scheinen eine Krise der Geschlechterrollen anzuzeigen. Aber wie wir wissen, bieten Krisen die Chance, überholte Strukturen zu erkennen und aufzulösen. Das können wir aber nicht alleine. Da es keine »richtigen« Geschlechterrollen mehr gibt, an denen wir uns orientieren können, müssen wir miteinander reden. Frauen reflektieren ihre Geschlechterrollen seit einigen Generationen. Ich glaube, dass auch Männer miteinander reden und gemeinsam herausfinden müssen, was für Menschen sie sein wollen. Solche Männer können dann auch zum Vorbild für die junge Männergeneration werden, in einer Zeit der Veränderungen tradierter Geschlechterrollen.

Nachwort

Luise Reddemann und Sylvia Wetzel

Wir können unsere Umwelt nur bedingt beeinflussen, das wichtigste aber scheinen uns zwei Fragen zu sein: »Was kann ich tun?« Und: »Wie kann ich mich – und andere – zu mehr Freude, Offenheit, Liebe und Akzeptanz inspirieren?«

Ansätze aus der buddhistischen Psychologie und aus der westlichen Psychotherapie können uns dabei unterstützen, immer genauer zu erkennen, was wir tun – und was wir lassen – können, und das dann auch in unserem Leben umzusetzen.

Wir denken, dass es sich lohnt, über Selbst- und Menschenbilder nachzudenken und unser Handeln immer wieder mit diesen Bildern abzugleichen. Je kongruenter Denken, Fühlen und Handeln werden, desto mehr können wir uns in Einklang mit uns selbst fühlen.

Es gelingt leichter, mit sich eins zu sein, wenn man um die eigenen Kraftquellen weiß und sie klug nutzen kann.

Momente des Innehaltens – vielleicht auch unterstützt von der systematischen Einübung von Achtsamkeit und Mitgefühl – helfen uns, unsere Kraftquellen zu erkennen und aus ihnen zu schöpfen und auch das Traurige und Verletzte in uns zu trösten und zu halten.

Unsere Gedanken mögen Sie dabei begleiten, das Schwere und Leichte in Balance zu bringen. Wir denken beide, dass Meister Eckhart Recht hatte, als er sagte: »Das notwendigste Werk ist stets die Liebe.« Wir wünschen Ihnen, dass Liebe Sie auf Ihrem Weg begleiten möge.

Leseempfehlungen

Im Text erwähnte und weiterführende Literatur

Ayya Khema, Vier Ebenen des Glücks. Jhana
Hannah Arendt, Menschen in finsteren Zeiten. Piper 2001 (1975)
Hannah Arendt, Zwischen Vergangenheit Hannah Arendt, In der Gegenwart. Übungen im politischen Denken I. Piper 2000
Hannah Arendt, In der Gegenwart, Übungen im politischen Denken II, Piper 2000 (Die Krise in der Erziehung, S. 255–276)
Karen Armstrong, Die Achsenzeit. Siedler 2006
Joachim Bauer, Schmerzgrenze. Vom Ursprung alltäglicher und globaler Gewalt. Blessing 2011
Martin Bauschke, Die Goldene Regel. EB-Verlag 2010
Ernst Bloch, Das Prinzip Hoffnung. Suhrkamp 1974
Ernst Bloch, Spuren. Suhrkamp 1969
Bertolt Brecht, Die unwürdige Greisin. Und andere Geschichten. Suhrkamp 1990
Albert Camus, Das Missverständnis. In: Albert Camus, Dramen. Rowohlt 1962
Karlfried Graf Dürckheim, Von der Erfahrung der Transzendenz. Herder 1984/1993 (mit einem Beitrag über das Altern)
Arno Gruen, Der Fremde in uns, Klett-Cotta 2002
Erik Homburger Erikson, Identität und Lebenszyklus (1959), Suhrkamp 1966, stw 16, 1973
Erich Fromm, Die Seele des Menschen, dva 1979
Peter Gäng, Tantrischer Buddhismus. Theseus 2001
Thomas Harris, Ich bin o.k. Du bist o.k. Rowohlt 1975 (1969)
Gunnar Heinsohn, Söhne und Weltmacht. Piper 2008 (2003)
Stéphane Hessel, Empört euch! Ullstein 2011
Luce Irigaray, Genealogie der Geschlechter. Kore 1989
Tony Judt, Dem Land geht es schlecht. Ein Traktat über unsere Unzufriedenheit. Hanser 2011
Sudhir Kakar, Kindheit und Gesellschaft in Indien. Nexus 1988
Stefan Klein, Die Glücksformel. Rowohlt 2008
Heinrich Mann, Der Untertan. Fischer 2008
Karl Philipp Moritz, Anton Reiser. Insel 1998
Susan Neiman, Moralische Klarheit. Leitfaden für erwachsene Idealisten. Hamburger Edition 2010
Erich Neumann, Das Kind, Fischer 2007
George Orwell, 1984. Heyne 2002
Richard Rorty, Gianni Vattimo, Die Zukunft der Religionen. Verlag der Weltreligionen im Insel Verlag 2009
Eric-Immanuel Schmitt, Oskar und die Dame in rosa. Fischer 2005
Ulrich Schnabel, Muße. Blessing 2010
Albert Schweitzer, Ehrfurcht vor dem Leben. Grundtexte aus fünf Jahrzehnten. Beck 2009
Martin E. P. Seligman, Der Glücksfaktor. Warum Optimisten länger leben. Köln, Bastei Lübbe 2005

Gert Scobel, Weisheit. Über das, was uns fehlt. DuMont 2008
Charles Taylor, Quellen des Selbst. Suhrkamp, stw 2005
Tsoknyi Rinpoche, Furchtlose Einfachheit. Otter 2006
www.pundarika.org

Bücher von Luise Reddemann

Eine Reise von 1000 Meilen beginnt mit dem ersten Schritt. Seelische Kräfte entwickeln und fördern. Herder 2016
Dem inneren Kind begegnen. Hör-CD mit ressourcenorientierten Übungen. Klett Cotta 2004
Imagination als heilsame Kraft – Ressourcen und Mitgefühl in der Behandlung von Traumafolgen – vollständig überarbeitete Neuausgabe Klett-Cotta 2016
Überlebenskunst. Klett-Cotta 2016
Kriegskinder und Kriegsenkel in der Psychotherapie – Folgen der NS-Zeit und des Zweiten Weltkriegs erkennen und bearbeiten – Eine Annäherung. Überarbeitete Neuauflage Klett-Cotta 2018
Würde. Annäherung an einen vergessenen Wert in der Psychotherapie Klett-Cotta 2016
Schlussstücke. Gedanken über Vergänglichkeit und Tod. Klett-Cotta 2018

Bücher von und mit Sylvia Wetzel

Das Herz des Lotos. Frauen und Buddhismus. 1999.
Erweiterte und überarbeitet Neuausgabe. Steinreich 2010
Hoch wie der Himmel, Tief wie die Erde. 1999. 2010
Worte wirken Wunder. Reden mit Herz und Verstand. 2007. 2010
Fühlen ist Leben. Herder 2018
Lass los, was dich beschwert. Herder 2018

Sylvia Wetzel in der edition tara libre

www.sylvia-wetzel.de
Leichter leben. Meditationen über Gefühle. 224 S. 2002.
Sonderdruck 2011.
Leichter leben. CD zum Buch. Sonderedition 2011.
Ich und Du. Sechs Vorträge. 180 S. 2006
Arbeit & Muße, Leben und Sinn. Eine Hommage an Hannah Arendt. 56 S. 2004
Die Vier Schleier. Der wilde Geist und die Natur des Geistes. Drei Vorträge. 60 S. 2006
Mut zur Muße und Freude am Tun. Vorträge und Übungen. 244 S. 2010.

Buddhismus und Psychotherapie

Tagungsdokumentationen 2001–2010.
www.buddhistische-akademie.de